Rudolf Ohle

Shakespeares Cymbeline und seine romanischen Vorläufer

Eine kritische Untersuchung

Rudolf Ohle

Shakespeares Cymbeline und seine romanischen Vorläufer
Eine kritische Untersuchung

ISBN/EAN: 9783744633512

Hergestellt in Europa, USA, Kanada, Australien, Japan

Cover: Foto ©Thomas Meinert / pixelio.de

Weitere Bücher finden Sie auf **www.hansebooks.com**

Google

This is a digital copy of a book that was preserved for generations on library shelves before it was carefully scanned by Google as part of a project to make the world's books discoverable online.

It has survived long enough for the copyright to expire and the book to enter the public domain. A public domain book is one that was never subject to copyright or whose legal copyright term has expired. Whether a book is in the public domain may vary country to country. Public domain books are our gateways to the past, representing a wealth of history, culture and knowledge that's often difficult to discover.

Marks, notations and other marginalia present in the original volume will appear in this file - a reminder of this book's long journey from the publisher to a library and finally to you.

Usage guidelines

Google is proud to partner with libraries to digitize public domain materials and make them widely accessible. Public domain books belong to the public and we are merely their custodians. Nevertheless, this work is expensive, so in order to keep providing this resource, we have taken steps to prevent abuse by commercial parties, including placing technical restrictions on automated querying.

We also ask that you:

+ *Make non-commercial use of the files* We designed Google Book Search for use by individuals, and we request that you use these files for personal, non-commercial purposes.

+ *Refrain from automated querying* Do not send automated queries of any sort to Google's system: If you are conducting research on machine translation, optical character recognition or other areas where access to a large amount of text is helpful, please contact us. We encourage the use of public domain materials for these purposes and may be able to help.

+ *Maintain attribution* The Google "watermark" you see on each file is essential for informing people about this project and helping them find additional materials through Google Book Search. Please do not remove it.

+ *Keep it legal* Whatever your use, remember that you are responsible for ensuring that what you are doing is legal. Do not assume that just because we believe a book is in the public domain for users in the United States, that the work is also in the public domain for users in other countries. Whether a book is still in copyright varies from country to country, and we can't offer guidance on whether any specific use of any specific book is allowed. Please do not assume that a book's appearance in Google Book Search means it can be used in any manner anywhere in the world. Copyright infringement liability can be quite severe.

About Google Book Search

Google's mission is to organize the world's information and to make it universally accessible and useful. Google Book Search helps readers discover the world's books while helping authors and publishers reach new audiences. You can search through the full text of this book on the web at http://books.google.com/

Google

Über dieses Buch

Dies ist ein digitales Exemplar eines Buches, das seit Generationen in den Regalen der Bibliotheken aufbewahrt wurde, bevor es von Google im Rahmen eines Projekts, mit dem die Bücher dieser Welt online verfügbar gemacht werden sollen, sorgfältig gescannt wurde.

Das Buch hat das Urheberrecht überdauert und kann nun öffentlich zugänglich gemacht werden. Ein öffentlich zugängliches Buch ist ein Buch, das niemals Urheberrechten unterlag oder bei dem die Schutzfrist des Urheberrechts abgelaufen ist. Ob ein Buch öffentlich zugänglich ist, kann von Land zu Land unterschiedlich sein. Öffentlich zugängliche Bücher sind unser Tor zur Vergangenheit und stellen ein geschichtliches, kulturelles und wissenschaftliches Vermögen dar, das häufig nur schwierig zu entdecken ist.

Gebrauchsspuren, Anmerkungen und andere Randbemerkungen, die im Originalband enthalten sind, finden sich auch in dieser Datei – eine Erinnerung an die lange Reise, die das Buch vom Verleger zu einer Bibliothek und weiter zu Ihnen hinter sich gebracht hat.

Nutzungsrichtlinien

Google ist stolz, mit Bibliotheken in partnerschaftlicher Zusammenarbeit öffentlich zugängliches Material zu digitalisieren und einer breiten Masse zugänglich zu machen. Öffentlich zugängliche Bücher gehören der Öffentlichkeit, und wir sind nur ihre Hüter. Nichtsdestotrotz ist diese Arbeit kostspielig. Um diese Ressource weiterhin zur Verfügung stellen zu können, haben wir Schritte unternommen, um den Missbrauch durch kommerzielle Parteien zu verhindern. Dazu gehören technische Einschränkungen für automatisierte Abfragen.

Wir bitten Sie um Einhaltung folgender Richtlinien:

+ *Nutzung der Dateien zu nichtkommerziellen Zwecken* Wir haben Google Buchsuche für Endanwender konzipiert und möchten, dass Sie diese Dateien nur für persönliche, nichtkommerzielle Zwecke verwenden.

+ *Keine automatisierten Abfragen* Senden Sie keine automatisierten Abfragen irgendwelcher Art an das Google-System. Wenn Sie Recherchen über maschinelle Übersetzung, optische Zeichenerkennung oder andere Bereiche durchführen, in denen der Zugang zu Text in großen Mengen nützlich ist, wenden Sie sich bitte an uns. Wir fördern die Nutzung des öffentlich zugänglichen Materials für diese Zwecke und können Ihnen unter Umständen helfen.

+ *Beibehaltung von Google-Markenelementen* Das "Wasserzeichen" von Google, das Sie in jeder Datei finden, ist wichtig zur Information über dieses Projekt und hilft den Anwendern weiteres Material über Google Buchsuche zu finden. Bitte entfernen Sie das Wasserzeichen nicht.

+ *Bewegen Sie sich innerhalb der Legalität* Unabhängig von Ihrem Verwendungszweck müssen Sie sich Ihrer Verantwortung bewusst sein, sicherzustellen, dass Ihre Nutzung legal ist. Gehen Sie nicht davon aus, dass ein Buch, das nach unserem Dafürhalten für Nutzer in den USA öffentlich zugänglich ist, auch für Nutzer in anderen Ländern öffentlich zugänglich ist. Ob ein Buch noch dem Urheberrecht unterliegt, ist von Land zu Land verschieden. Wir können keine Beratung leisten, ob eine bestimmte Nutzung eines bestimmten Buches gesetzlich zulässig ist. Gehen Sie nicht davon aus, dass das Erscheinen eines Buchs in Google Buchsuche bedeutet, dass es in jeder Form und überall auf der Welt verwendet werden kann. Eine Urheberrechtsverletzung kann schwerwiegende Folgen haben.

Über Google Buchsuche

Das Ziel von Google besteht darin, die weltweiten Informationen zu organisieren und allgemein nutzbar und zugänglich zu machen. Google Buchsuche hilft Lesern dabei, die Bücher dieser Welt zu entdecken, und unterstützt Autoren und Verleger dabei, neue Zielgruppen zu erreichen. Den gesamten Buchtext können Sie im Internet unter http://books.google.com durchsuchen.

Shakespeares Cymbeline

und seine

Romanischen Vorläufer.

Eine kritische Untersuchung

von

Lic. theol. Dr. **R. Ohle**
ord. Lehrer am Joachimsthalschen Gymnasium.

Berlin.
Mayer & Müller.
1890.

Die romanischen Vorläufer von Shakespeares Cymbeline sind bereits zweimal eingehender behandelt worden. F. Michel hat in der Einleitung zu seiner Ausgabe des Veilchenromans (Roman de la Violette, Paris 1834) eine noch heute lesenswerthe Besprechung der meisten, hier in Betracht kommenden Denkmäler gegeben. Ihm ist A. Rochs mit seiner Dissertation „Ueber den Veilchenroman und die Wanderung der Euriaut-Sage (Halle 1882) gefolgt. Rochs' Arbeit ist, soweit sie die romanischen Bearbeitungen berücksichtigt, nicht selbständig, sondern im ganzen und grossen eine recht ungeschickte Uebersetzung der auf dem Büchermarkte ziemlich seltenen Einleitung Michels. — Le Roman de la Violette wurde nämlich in nur 200 Exemplaren gedruckt.

Die Erwartungen, welche der Titel der Hallenser Dissertation erweckt, werden in keiner Weise befriedigt: Rochs vermeidet auf das sorgfältigste jede eingehende Untersuchung der Beziehungen der einzelnen Redaktionen zu einander. Er konnte ja nichts zur Klärung der eigentlichen Wanderung beibringen, weil er auch in den von Michel unabhängigen Theilen seiner Arbeit nicht auf eigenen Füssen steht, sondern hier ebenfalls sekundären Darstellungen folgt.

Aber selbst in der Wiedergabe fremder Arbeiten und Resultate ist Rochs' Abhandlung, wie schon R. Köhler (Literaturblatt für germ. u. rom. Philologie IV, 270) richtig hervorgehoben hat, „nichts weniger als eine zuverlässige und saubere Verarbeitung und Ausnutzung der

II.

wichtigsten Vorarbeiten. Letztere kennt Rochs nur zum Theil; mehrere zitiert er zwar, hat sie aber offenbar nicht selbt gesehen, sondern nur die Zitate Anderer nachgeschrieben." So würde es wirklich zu weit führen, erlaube ich mir daher mit R. Köhler fortzufahren, wenn ich alle Unrichtigkeiten, Ungenauigkeiten und Flüchtigkeiten, welche sich Rochs zu Schulden kommen liess, fortlaufend berücksichtigen wollte.

Eine Geschichte der Wanderung der Sage soll meine Arbeit nicht geben; nur das Verhältnis der wichtigeren romanischen Redaktionen zu einander und zu Shakespeare will ich prüfen und darlegen. Nicht einmal alle romanischen Redaktionen konnte ich in den Kreis meiner Untersuchung ziehen, weil mir zwei leider nicht zu Gebote standen: 1) Cantare di Madonna Elena; 2) Guillaume de Dole. Das zuerst genannte Gedicht war auf der königlichen Bibliothek zu Berlin nicht vorhanden. Das Werk des letzteren ist, soviel ich weiss, noch nicht erschienen, obgleich von G. Paris bereits 1888 als im Druck befindlich angekündigt (Littérature française S. 252).

Ueber die von mir befolgte Methode kann ich kurz sein. Zunächst versuchte ich stets das Alter der zum Theil anonymen oder zeitlich noch nicht genau festgestellten Denkmäler zu bestimmen. Ergab sich darnach bei einer genauen und gewissenhaften Vergleichung einer jüngeren mit einer älteren Redaktion, dass die Darstellung der letzteren eine bessere als die der ersteren sei, so habe ich Anstand genommen in dem jüngeren Werk eine Verunstaltung des älteren zu sehen. — Handelt es sich doch nicht bloss um einige obskure mittelalterliche Dichterlinge, sondern auch um einen Boccaccio, einen Shakespeare; beide geben nämlich die Fabel in einer mangelhafteren Form als ihre französischen Vorläufer wieder. — Vielmehr suchte ich mir stets die Gründe zu vergegenwärtigen, warum wohl die jüngere Redaktion die Intrigue mangelhafter als die ältere gestaltet habe. So gelangte ich zu dem Schluss, dass beide Redaktionen unabhängig von einander sein müssten und höchst wahrscheinlich auf eine gemeinsame, fehlerhafte oder zum mindesten ungeschickte Vorlage zurückgingen, nach welcher die Redaktoren selbstständig, aber gemäss ihrer verschiedenen Begabung und Absicht mit verschiedenem Glück, gearbeitet hätten. Auf diese Weise bin ich zu der Annahme einer alten, nicht mehr vorhandenen Originalerzählung geführt worden. Durch Verbindung der in den als unabhängig von einander erkannten Redaktionen zerstreuten gemeinschaftlichen Züge glaube ich sogar im Stande zu sein, diese unbekannte Originalerzählung wieder herstellen zu können. Hauptsächlich in Rücksicht auf die verschiedenen Gesichtspunkte, von denen aus ich die Denkmäler einzeln und in ihrer Gesammtheit betrachte, nenne ich meine Arbeit eine „kritische Untersuchung."

Die Kritik, welche ich an den Darstellungen übe, ist natürlich eine wesentlich pragmatische, d. h. nur die innere und äussere Wahrscheinlichkeit der Handlung, die Verkettung ihrer Umstände und die Zweckmässigkeit ihrer einzelnen Theile suche ich zu erörtern. Die An- oder Abwesenheit einer harmonisch wohlgefügten Struktur bestimmt das Urtheil, welches ich über den Werth und die gegenseitige Stellung der verschiedenen Redaktionen fälle. Mittelalterlichen Dichtern gegenüber scheint mir dies der kritisch allein mögliche Standpunkt zu sein. Unfähig eine wirkliche Charakterzeichnung zu liefern, haben sie durch mehr oder minder geschickte Verknüpfung äusserer Erlebnisse dem Mangel ihrer Helden an innerem Leben abgeholfen. Insofern Shakespeare in Cymbeline, wie in seinen anderen Stücken, die von seinen Vorgängern übermittelte Fabel unverändert bringt, ist diese Art der Kritik auch auf ihn anwendbar. Nun sind in Cymbeline mindestens zwei von einander unabhängige Bearbeitungen der Sage vereinigt, — seinem Hauptbestandtheile nach geht das englische Schauspiel auf eine direkt nach dem Prototypus der romanischen Denkmäler verfassten Readktion zurück – daher bildet Cymbeline den natürlichen

Abschluss, vielleicht sogar die Bestätigung meiner kritischen Operationen.

Dem Gesagten zufolge darf man von mir eine Erörterung über den Ursprung der Sage an sich nicht erwarten. Dass ich mir gleichwohl eine Ansicht auch über den Ursprung der Sage gebildet habe, ist begreiflich; man wird es vielleicht tadeln, dass ich von dieser meiner Ansicht hier und da in der Arbeit gesprochen habe. Indessen hoffe ich, dass meine, vielleicht irrige, „Privatmeinung", so möchte ich sie bezeichnen, über den Ursprung der Sage den Gang und die Methode meiner litterarischen Untersuchung in keiner Weise beeinflusst hat, denn sie ist nirgends Massstab und Leitfaden für die Beurtheilung und Darstellung der Thatsachen gewesen. Es würde daher nicht billig sein, wenn man diese ganz nebensächliche Ansicht gegen mein kritisches Resultat von vornherein und ohne jede Nachprüfung geltend machen wollte.

I.
Ueber den Dichter und die Abfassungszeit des Veilchenromans.

Wir beginnen unsere Untersuchung mit dem Veilchenromane, dessen Dichter, wenigstens dem Namen nach, von allen französischen Bearbeitern der Sage allein bekannt ist. Auch lässt sich die Abfassungszeit dieses Werkes chronologisch ziemlich genau bestimmen.

Der Dichter des Veilchenromans nennt sich „Gyrbert de Mosteruel" (v. 6635).[1]) Bereits Michel hat die wohl richtige Vermuthung geäussert, dies Mosteruel sei wahrscheinlich Montreuil-sur-Mer. Denn der Roman ist einer Gräfin von Ponthieu gewidmet und preist besonders Barone des nördlichen Frankreichs (z. B. p. 277). Nordfranzösischen Charakter trägt auch die Sprache des Romans, welchen Diez bekanntlich zu seiner Darstellung der pikardischen Mundart benutzt hat (Grammatik[4] I, 127).

Der uns sonst unbekannte Dichter hat offenbar auf Reisen, also durch eigene Anschauung, Mittel-Frankreich, vielleicht auch die Rheinlande kennen gelernt. Dies ergiebt sich aus seinen meist zutreffenden und geographisch richtig gedachten Ortsbestimmungen und Reise-

---

[1]) Von v. 6654: Chi defenist Gerars son livre ist abzusehen, hier scheint der Name des Helden irrthümlich für den des Dichters eingesetzt zu sein.

routen.[1]) Ferner verräth seine sachkundige Schilderung des hohen Adels persönliche d. h. wahrscheinlich auf seinen Reisen erworbene Bekanntschaft mit den Trägern jener grossen Namen.

Die Reisen wird Girbert wohl als fahrender Sänger

[1]) Folgende Städte werden theilweis mit richtigen Entfernungsangaben genannt: Pont-de-l'Arche (v. 88), Nevers (v. 308), Melun (v. 693. 752 f.), Bouni (775), Coucy (1206), Metz (1281. 4100 etc.), La Marche bei Nevers (1335 f. 1481 f.), Vergy (2172) in Burgund (1515), Châlons (2267 ff.). — Höchst wahrscheinlich Châlons-s-M. und nicht Châlons-s-S, woran Michel dachte, denn der Ritter braucht 6 Tage (v. 2265), um von Vergy nach Châlons zu reiten, und zieht von da durch die Ardennen (2505) nach Köln (2506) weiter. — In Köln wird das Thor der 3 Könige (2544) und der Rhein (4182) erwähnt. Köln wird belagert durch die Fürsten von Koblenz (2693), von Worms (2782) und von Mainz (2883). Von Köln geht der Ritter nach Mosson (5077) — wohl nicht Mozon bei Sedan (Michel), sondern Pont à Mousson, eine Brücke (5080) wird wenigstens erwähnt, und nach der weiteren Schilderung (5108 ff.) lag der Ort in der Nähe von Metz und Bar-le-Duc (4096. 5840 etc.) Das Turnier findet in Montargis (5735) statt, wohin die Ritter über Château-Landon (5855) und Châtillon-sur-Loing (5959) gelangen. Die Verse 4422—5068 halte ich für einen störenden Einschub. Sie enthalten nur Kopien der bereits erzählten Abenteuer. Die Situation der Burg (4683 ff.) entspricht genau der des Schlosses Vergy (1523 ff.); das Abenteuer 4422—4614 ist nichts als eine breitere Ausführung der 3274—88 erzählten Entführung, die allerdings nicht ohne historische Wahrscheinlichkeit ist, z. B. L'Art de vérifier les dates 1818. X, 138 etc. Ferner wird uns in diesem Theile keine genaue Ortsangabe gegeben. Wir befinden uns in den Ardennen (v. 4446), die, wenngleich nicht ohne Grund verrufen (E. Reclus, La France p. 823), ganz phantastisch beschrieben werden. Dort sprosst der Lorbeer (4466), und dort herrschen menschenfressende Riesen (4768 ff.). Solche Ungereimtheiten finden sich sonst nicht in dem Romane. Sie sind derartig, dass der Verfasser hier nur im Auslande etwas Analoges nachzuweisen vermag, in Irland (4428), Konstantinopel (4647), Parma (4803), und Valencia (4849); während sonst in ähnlichen Wendungen ausschliesslich französische Ortschaften genannt werden z. B. v. 208, 1518, 1560, 1610, 2457, 2464, 5943, 5955. Endlich sind die Namen der Schlösser (Monglai 4596. Bien-Assis 4692) rein erfunden; wie denn überhaupt in diesem Theile kein einziger historischer Name vorkommt. Das sind die Gründe, welche mich bestimmen, diesen Theil bei der Charakteristik des Romans bei Seite zu lassen.

unternommen haben; so erklären sich die genauen Angaben unseres Romans über das Sängerleben, auf die man schon längst aufmerksam gemacht hat[1]); so erklärt sich auch der Einblick, der uns durch die dem Romane eingefügten Lieder[2]) in das Repertoire jener Sänger gewährt wird. Der Dichter hat einfach seine eigenen Erlebnisse, seine eigenen Kenntnisse und Beobachtungen[3]) auf den Romanhelden übertragen.

Zur Zeit als der Dichter den Veilchenroman schrieb, scheint er dagegen das unstete Leben aufgegeben und unter dem Schutze der Gräfin von Ponthieu ein bescheidenes, aber ihn befriedigendes Heim in Montreuil gefunden zu haben.[4]) Denn nicht frei von einer gewissen Selbstgefälligkeit rühmt er sich der Gunst dieser grossen Dame (v. 49); mithin wird sich ihre von ihm gepriesene Freigebigkeit (v. 56) auch auf ihn erstreckt haben. Ganz besonders aber spricht für die relativ günstige Lage unseres Dichters das Fehlen jeder Klage; nun wissen wir aber, dass gerade Klagen über die schlechten Zeiten, über den Geiz etc. zu den geläufigsten Gemeinplätzen der mittelalterlichen Schriftsteller gehörten.

Die Frage, ob Girbert sich bereits anderweitig litterarisch versucht hatte, müssen wir unentschieden lassen. Aus dem Veilchenroman wenigstens lässt sich keine Stelle anführen, die auf eine frühere litterarische Thätigkeit anspielt. Die scharfen Worte gegen die stets unzufriedenen Kritiker, mit denen er sein Werk eröffnet (v. 23 bis

---

[1]) Wolf im Jahrbuch für wissenschaftliche Kritik. 1837. Duval in Histoire littéraire XVIII, 770. L. Gautier, Les Epopées Françaises I, 409. Tobler, Im neuen Reich 1875. S. 333.

[2]) Ueber diese Sitte Tobler, Versbau S. 9. Anm. 1. Todd, Le Dit de la Panthère d'Amours p. XXV.

[3]) Besonders möchte ich auf v. 1394 f. aufmerksam machen. (Or puis jou bien por voir retraire Que jougleres mal mestier a etc.)

[4]) Vielleicht wie der von ihm geschilderte Sänger zu La Marche p. 68 f.

31), enthalten nichts derartiges, zudem sind sie wenig originell.¹)
> Et se auchuns mesdisans m'ot,
> Et il en a duel et envie
> Se je me déduis en ma vie,
> S'il en dist mal, li mals soit siens; . . .
> Si fait-il grieve as envieus,
> Male goute lor criet lor ieus!²)

Vergleicht man diesen freudigen, fast übermüthigen Ton, der für den ganzen Roman charakteristisch ist, mit den trübseligen Klagen des Sirventois (p. 326 ff.), das Michel zusammen mit dem Romane abgedruckt hat, so wird man uns zugeben, dass es ziemlich unwahrscheinlich ist, dass dieser Sirventois von Girbert de Montreuil stamme.³) Ueberdies ist der Name des Verfassers es völlig werthlosen Machwerkes nicht einmal handschriftlich gesichert.

Auch Birch-Hirschfelds Vermuthung (Die Sage vom Gral, 1877.), unser Girbert sei mit einem der Fortsetzer des Conte de Graal identisch, können wir nicht beitreten. Dieser Fortsetzer nennt sich nirgends Girbert de Montreuil, sondern einfach Gerbert (l. c. S. 92). Selbst daraus, dass auch er möglicherweise ein Pikarde war⁴), darf man noch nicht folgern, dass er wirklich mit Girbert de Montreuil identisch ist; was Birch-Hirschfeld ohne weiteres thut, wenn er sagt (l. c. S. 112): „Der Verfasser des Romans de la Violete war ein armer fahrender Sänger, dessen Glück von der Gunst seines Publikums abhing. Das sieht man auch deutlich in

---

¹) Derartige Verwahrungen finden sich sehr häufig, z. B. Barbazan et Méon (1808) I, 165. La Manekine ed. Suchier v. 6 f.

²) Aehnliche Wendungen v. 424: Maus fus et male flame l'oigne. 3144: Que la male mors vous en vigne. 8933: Maus fus l'arde! 3962: Dex! c'or fust-il ars en I. fu! etc.

³) Vgl. Duval l. c. Victor le Clerc, H. L. XXIII, 92.

⁴) Ein Skeptiker könnte nämlich die pikardischen Spracheigenthümlichkeiten auf Rechnung der Abschreiber setzen, was B-H. selbst einräumt l. c. S. 89. Anm. 2.

seiner Fortsetzung des Conte de Graal, wo er sich . . .
über die Kargheit und Unzuverlässigkeit der eigenen
Zeitgenossen bitter beklagt." Ich bezweifle nicht, dass
dies aus dem Conte de Graal „deutlich" zu ersehen ist,
vermisse hier aber Zitate aus dem Veilchenroman, die
wohl schwerlich beizubringen sind, weil sein Verfasser,
wie gezeigt, mit seiner sozialen Stellung äusserst zufrieden
ist, und weil er für die Gräfin von Ponthieu schreibend
von der Gunst eines fluktuierenden Publikums durchaus
unabhängig ist. Auch die weitere Behauptung Birch-
Hirschfelds scheint mir nicht zuzutreffen (l. c.). „Während
eine grosse Anzahl von Dichtern des Mittelalters es
unterlassen, Beschreibungen ihrer Helden zu geben, ver-
gisst Gerbert dies nicht. Aehnlich wie er Euriant im
R. d. l. V. beschreibt, schildert er das Aeussere Perce-
vals." Dies mag für die Gedichte einer älteren Zeit
richtig sein, schwerlich aber für die Werke unserer
Periode (XIII. Jahrhundert). Besonders liessen die Dichter
der Artus- und Abenteuerromane selten eine Gelegenheit
unbenutzt, uns die Schönheit einer Frau oder eines
Mannes recht ausführlich zu schildern. Die einzelnen
Züge ihrer Schilderungen verrathen jedoch eine derartige
Familienähnlichkeit, dass man aus ihnen unmöglich etwas
anderes folgern darf, als dass solche Portraits in vielen

---

[2]) Ein Tadel wie im C. d. G. p. 205: Li siecles devient mais trop chices Que nus n'est prisiez s'il n'est riches, obgleich ziemlich verbreitet z. B. Bible Guiot v. 512 etc., findet sich nirgends im Veilchenroman, wohl aber in dem Sirventois. Selbst ein anderer Gemeinplatz, bei dem die gleichen Reimworte bestechen könnten, ist verschieden gewendet: C. d. G. (bei Birch-Hirschfeld S. 112) mais je pris moult petit l'avoir Dont nus ne puet nul bien avoir. Dies ist in der That die Sprache eines armen Teufels, welcher nie etwas besessen hat; wie anders lautet es dagegen im R. d. l. V: Wenig geschätzt der Mann s'il n'a avoir; Namporquant je pris miex savoir C'avoir (v. 3—5), denn mit „savoir" erwirbt man sich „avoir" (v. 16—17). Uebrigens war die Zusammenstellung von savoir u. avoir sehr gewöhnlich z. B. Roman de Rou ed. Andresen I, 7—8. in den Tiraden des II. Theils: v. 535. 537, 2756, 2760, 3460. 63. Bartsch, Chrestomathie de l'ancien français⁴ S. 369, 4 etc.

Punkten conventionelle Gemeinplätze waren.[1]) Ebenso finden sich in den Romanen des XIII. Jahrh. zahlreiche Beschreibungen von Waffen und Kleidern.[2]) Bei der geringen Gedankenproduktion mittelalterlicher Dichter ist es nun nicht überraschend, dass wir in derartigen Schilderungen identische Verse selbst bei Dichtern, die ganz unabhängig von einander sind, antreffen. Trotzdem hat Birch-Hirschfeld zur Unterstützung seiner Hypothese nur zwei wörtlich übereinstimmende Verse entdecken können![3]) Reime aber wie fable und

[1]) In solchen Schilderungen lassen sich daher leicht gleichlautende Verse auffinden, z. B. Conte de Poitiers v. 84 En son cief ot I cercle d'or, Richement sist el ceval sor. v. 342. Vés chi X de ses cevex sors, Qui plus reluisent que fins ors. — R. d. l. Violette v. 866. Cief ot crespé, luisant et sor, De coulour resembloit bien or. v. 5016. K'encor estoit ses chiés plus sors Et plus reluisans quo li ors. — Barbazan et M. IV, 409 Les cheveux tex qui les véist, Qu'avis li fust . . . . Que il fussent tuit de fin or, Tant estoient luisant et sor. — Conte de Poitiers v. 516. Qui plus est bele enluminée Que ne soit rose encolorée. R. d. l. Violette v. 879. La rose qui naist en esté . . . . N'est pas si bien enluminée, wiederholt v. 5020 f. Dolopathos ed. Brunet et Montaiglon v. 2856. Que flors de lis, ne fleur de rose A son vis semblast nule chose. — Bartsch l. c. S. 91, 23. Tu es fieblette e tendre chose E es plus fresche que n'est rose; Tu es plus blanche que cristal, Que neif que chiet sor glace en val. — Guillaume au Faucon (Barbazan et M. IV) v. 105 Néis la gorge contreval Sanbloit de glace ou de cristal. Selbst das ansprechende Bild (Dolopathos v. 2859) Petite bouche bien assize; Et sembloit que tosjors déist Baise, baise, findet sich wiederholt z. B. Bartsch l. c. 341, 8f. Ueber das Beiwort „bien assise" vergl. Mätzner, Altfranzösische Lieder S. 106, der mit grossem Fleiss einige Gemeinplätze der mittelalterlichen Lyrik zusammengestellt hat. So hat z. B. auch Boccaccio in seinem Ameto das Mündchen προκαλούμενον φίλημα. Die italienischen Schilderungen der sinnlichen Frauenreize gleichen den französischen aufs Haar, z. B. Boccaccio, La Teseide XII, 53 f. ed. Moutier p. 421, oder die von Fraticelli im Canzoniere di Dante ³ p. 236 f. abgedruckte Canzone, ganz ähnlich noch Ariosto, Orlando Furioso VII, 11 ff. (von Lessing im Laokoon besprochen) XI, 65 ff; doch hat Ariost natürlich schon bessere Gemälde z. B. X, 96 cf. Bojardo, O. J. I, 4, 9. etc.

[2]) A. Schultz, Höfisches Leben (Einleitung). Quicherat, Histoire du costume S. 199 (unten).

[3]) Auch die übrigen von B-H. aufgeführten gleichen Reimworte

diable [Birch-Hirschfeld S. 115] als irgend wie beweiskräftig anzuführen [1]), halte ich für ebenso verfehlt, als wenn man aus Reimen wie Pentecouste-couste, oder Marbre-arbre, Monde-reonde etc. auf gegenseitige Entlehnungen oder Bekanntschaft der verschiedenen Verfasser schliessen wollte. Auch die übrigen sprachlichen Bemerkungen Birch-Hirschfelds sind nicht entscheidend [2]), wie er dies selbst von seiner Untersuchung über die Behandlung des Reimes zugiebt (S. 117 Anm. 1). Endlich lässt sich die kurze

(S. 113) können m. A. n. die Identität der Verfasser nicht beweisen. Sie finden sich nämlich in den meisten Schilderungen wieder. Der „mostier" erinnerte jeden Dichter unwillkürlich an sein „mestier," z. B Bartsch l. c. S. 13. La Manekine 5359. 60. 8457. 58. Rutebeuf II, 284. 85 etc. Nach dem „souper" ging man in der Regel „coucher". Reime von „muer" und „remuer" finden sich im Veilchenromane ausser den von B.—H. zitierten 160. 61. 3478. 79. 3480. 81. 4337. 38. vgl. Littré unter „remuer".

[1]) Mit dem Teufel, dem Vater der Lüge, wurde viel Unfug getrieben, daher musste man bei seiner Erwähnung stets die Wahrheit des Erzählten noch besonders hervorheben z. B. Jubinal, Jongleurs et Trouvères S. 76 Si vous di-je trestout sanz fable, Que fame ert pleine de deable. Rutebeuf II, 281 v. 487. La Dame entent bien le deable, Bien set que c'est mençonge et fable etc.

[2]) Die tautologische Ausdruckweise findet sich bei vielen mittelalterlichen Schriftstellern, z. B. Auberi ed. Tobler 6, 24 taisir et coisier 6, 28 luire et reflanboier 10, 30. seus et ois. retenus ne pris. 14, 10 poins ne brochies. Joinville ed. N. de Wailly 136a loer et conseiller 236a dire et raconter 26f preu et avantage 152a noyse et bruit 166c coustume et usaiges etc. Den Unfug, der mit dieser an sich berechtigten Form getrieben wurde, illustriert ein Lied im Veilchenroman v. 2345 cf. Bartsch l. c. 130, 6. Ebenso ist die Zerlegung einer Menschenmenge in ihre einzelnen Bestandtheile eine auf altfr. Gebiete verbreitete Erscheinung: Roman de Rou ed. Andresen II, 566. 758. Disciplina clericalis, Paris 1824 II, 125. Dolopathos 10703. Barb. u. M. II, 224. IV, 131. Chevalier au Lyon ed. Holland v. 901. Aucassin et N. ed. Suchier 34, 5. Das „eigenthümliche" Wort prinsaltiere oder prinsautier (Birch-Hirchfeld S. 116) kann sich natürlich bei Diez nicht finden, da es ein leicht durchsichtiges Compositum ist (cf. Littré). Verbalbildungen mit prime waren gebräuchlich, z. B. prinsegner Rou I, 607. Robert de Clary ed Hopf XI, 9. Méon, N. R. I, 52. Von einem Verbum prinsauter war prinsautier korrekte Nominalbildung. Wie im Veilchenroman (v. 3630) findet sich dies Wort z. B. in der Disciplina clericalis II, 352.

Charakteristik, die Birch-Hirschfeld vom Conte de Graal entwirft [S. 117.18], auf unsern Roman keineswegs ausdehnen. In demselben vermag ich weder irgend welche „satirische Nebenbemerkungen und Abschweifungen ¹)", noch irgend eine Spur von einer tieferen geistigen Auffassung und sittlichem „Ernste" zu entdecken.

Fassen wir also unser Urtheil über die verschiedenen Girberts oder Gerberts zusammen, so scheint es uns als das Wahrscheinlichste, dass Girbert de Montreuil von dem Verfasser des Sirventois und dem Fortsetzer des Conte de Graal zu unterscheiden ist. Dies ist die alte, wie Holland (Chrestien de Troies S. 212, Anm. 1) mittheilt, schon von dem sonst ziemlich unzuverlässigen Grässe vorgetragene Ansicht.

Girbert bestimmte seinen Roman für die Gräfin von Ponthieu (v. 59), die er am Schluss seines Werkes näher als Marie von Ponthieu (v. 6644) bezeichnet. Michel (Notice p. II) hat darauf hingewiesen, dass mit dieser Dame nur Marie de Montgomery, einzige Tochter Wilhelms III. und Alices ²), Schwester Philipp Augusts, gemeint sein kann, welche ihrem Vater 1221 in der Regierung folgte und 1251 starb. Ferner hat Michel (N. p. III) auf Grund einer Konjektur behauptet, dass Girbert den

---

¹) Daraus hat Rochs gemacht, unser Dichter versetzt „mitunter den Mönchen einen wuchtigen Seitenhieb" (S. 3). Die von ihm zitierte Stelle (R. d. l. V. 509 f.) ist so harmlos, dass sie in einem Brevier Platz finden könnte. Zudem ist es ja bekannt, dass im XIII. Jahrh. nicht die Mönche, sondern die Weltgeistlichkeit die Zielscheibe des abendländischen Witzes waren. So richtig: Victor Le Clerc, H. L. XXIII, 151. Döllinger, Janus S. 289 f. etc. Auch die Tadel Guiots de Provins treffen zumeist die Weltgeistlichkeit; sein Zeugnis darf man nicht deshalb verwerfen, weil er früher Sänger war (Hurter, Innocenz III, Band III, 613). Trotzdem bleibt es wahr, dass die Kirche von diesen „bekehrten" Sängern nicht viel gutes zu erwarten hatte (H. v. Sanct Victor zitiert von L. Gautier l. c. S. 379 Anm. 1). Aber auch kirchlich tadellose Männer bezeugen uns die Korruption des damaligen Klerus, z. B. Gautier de Coinci ed. Poquet p. 484, 115 ff. etc.

²) Ueber die Schicksale dieser Dame vergleiche man den etwas romanhaften Bericht in Récits d'un ménestrel de Reims ed. N. de Wailly § 17 f.

Roman nach 1225 abgefasst hat. Er vermuthet nämlich, dass der vom Dichter (v. 6134) erwähnte Herr von Roye identisch sei mit Barthélemy de Roye, welcher zugegen war, als Marie 1225 einen Theil ihrer Länder an Ludwig VIII abtrat.

Diese Vermuthung ist richtig; gleichwohl hat Michel eine Stelle des Romans, die zur Datirung viel geeigneter ist, übersehen. Auf diese Stelle hat Birch-Hirschfeld mit Recht aufmerksam gemacht (l. c. S. 119, Anm. 1)[1]; sie lautet:

> v. 6644. la comtesse Marie
> De Pontiu, ki souvent marie
> Fust auchois que venist à terre
> Souventes fois l'ala requerre;
> Mais sa fois et sa loiautés
> Li rendi terre et yretés.

Hier wird so deutlich auf einen Verlust und eine glückliche Wiedererlangung der gräflichen Besitzungen angespielt, dass wir — in Ermangelung historischer Documente — diese Thatsachen einfach als begründet anzunehmen hätten; freilich würde uns dann das Datum fehlen, worauf es hier gerade ankommt. Glücklicherweise ist uns jedoch das Faktum selbst wie das Datum überliefert: Marie de Ponthieu wurde in der That im Juni 1225 bei der von Michel erwähnten Gelegenheit in ihr altes Lehn wieder eingesetzt.[2])

---

[1]) Ich erwähne dies, weil Rochs (S. 3), obgleich er behauptet, Birch-Hirschfeld und L'Art de vérifier les dates gelesen zu haben, alles durcheinander geworfen hat.

[2]) L'Art d. v. l. d. Paris 1818, XII, 330. Marie... était mariée, depuis l'an 1208, à Simon de Dammartin, comte d'Aumale lequel ayant suivi le parti de Ferrand, comte de Flandre, contre le roi Philippe-Auguste, avait été proscrit pour ce sujet l'an 1214, après quoi il s'était retiré en Angleterre. Ph.-A. ne borna là sa vengeance; il mit sous sa main, non seulement les terres de Simon, mais encore celles de sa femme, c'est-à-dire le comté de Ponthieu, faisant en cette occassion usage de son droit dans toute la rigueur. . . . . Marie, pour recouvrer nne partie de son héritage, céda l'autre au roi Louis VIII. Cet accom-

Sonach kann unser Roman nur nach 1225 verfasst sein. Bedenkt man ferner, dass Girbert nirgends den Gemahl der Gräfin, Simon de Dammartin, der erst 1230 nach Frankreich zurückkehren durfte, erwähnt,[1]) so wird man mir zugeben, dass unser Roman höchst wahrscheinlich noch vor dieser Rückkehr geschrieben wurde. Dafür spricht auch der freudige Ton des Werkes, der gleichsam die gehobene Feststimmung nach der glücklichen Beilegung des langen, sorgenvollen Streites reflektiert; die Rückkehr des Grafen v. Aumale dagegen erhöhte die Sicherheit Maries nicht, vielmehr begannen da nicht bloss neue Sorgen wegen seiner Intriguen, sondern auch finanzielle Schwierigkeiten[2]) die Gräfin zu bedrücken.

Andere Angaben unseres Romans bestätigen dies Resultat. Denn wiewohl Girbert einen historischen Roman aus der Vorzeit[3]) und keine zeitgenössische Geschichte

---

modement est du mois de juin 1225. . . . Marie avait inutilement tâché de faire comprendre Simon, son époux, dans son accommodement, Louis fut inexorable sur cet article. La grâce de ce proscrit était réservée au plus saint de nos rois. Marie l'obtint donc enfin du roi Saint-Louis . . . . au mois de mars 1230." Der Besitz der Grafschaft Ponthieu war hochwichtig; es lag die Gefahr nahe, dass die aus der Normandie und Boulogne geworfenen Engländer in Ponthieu wieder festen Fuss fassten, was thatsächlich 1279 geschah. Ponthieu blieb bis 1336 in den Händen der Engländer.

[1]) Besonders beachtenswerth ist v. 3206. Onques de mes II iex ne vi Ostel à baron si plentiu, Fors que la dame de Pontiu etc.

[2]) Die Gräfin wurde gezwungen eine Gerechtsame nach der anderen zu verkaufen, Histoire du comté de Ponthieu I, 162 f.

[3]) Dies ergiebt sich aus v. 66. Il ot en Franche I roi jadis und v. 6632. Et quant plus ensamble veskirent Et tant plus bonne amour maintinrent. Die alte Streitfrage, welcher Ludwig eigentlich gemeint sei, — die alte Prosabearbeitung hat sich für Ludwig den Dicken, P. Paris für Ludwig den Frommen, endlich Michel (N. p. v) mit grossem Scharfsinn für Ludwig VIII entschieden — ist also dahin zu entscheiden, dass ein Ludwig der grauen Vorzeit gemeint, aber der etwas indolente Ludwig VIII geschildert ist. Daher erscheint auch unter den Rittern, die zum Turniere ziehen, ein Graf von Ponthieu (v. 5922), obgleich der letzte männliche Träger dieses Namens schon 1221 gestorben war.

schreiben wollte, hat er sich doch wie andere Dichter vor ihm und nach ihm durch die historischen Namen, welche er seinen Personen beilegte, verleiten lassen, die zu seiner Zeit lebenden Träger dieser Namen mit seinen Romanfiguren zu identifizieren.[1]) So ist sein Werk voll von Anachronismen aller Art. Unter anderen Rittern wird z. B. 5950. „li danfins de Mont-Ferrant" genannt. Nun führte nach der 1155 stattgefundenen Theilung der Auvergne die eine Linie der Grafen v. Auvergne den Titel „Dauphin" (nach Ducange s. v. „Delphinus" seit 1167). Robert Dauphin I (1169—1234) hatte eine G... de Montferrand geheirathet, die ihm als Mitgift die Grafschaft dieses Namens einbrachte und 1199 starb. Guillaume Dauphin II (1234—1240) verheirathete seine Tochter Katharina im Jahre 1226 mit Guicharde de Beaujeu (der sich unter Ludwig IX so auszeichnete!) und gab ihr die Grafschaft Montferrand als Mitgift mit (L'Art X, 159 f.). Aus dem Titel „dauphin de Montferrand"[1]) schliesse ich demnach, dass die Auslieferung dieser Mitgift zur Zeit unseres Romans noch nicht erfolgt oder wenigstens unserm Dichter noch nicht bekannt war. Der Herr von Beaujeu dagegen erscheint bereits unter den Freunden des Dauphin (v. 5942).

Besonders ausführlich schildert uns Girbert stets diejenigen Herren, welche die Namen der Verwandten seiner hohen Gönnerin tragen. Denn er denkt — mit oder ohne Absicht — bei diesen Namen nur an die zeitgenössischen Inhaber derselben; hier hat er also bloss durch Auslassung des allein entscheidenden Vornamens seiner Erzählung den

---

[1]) Dies wurde noch dadurch erleichtert, dass der hohe Feudaladel Frankreichs sich nach seinem Landbesitz nannte, oft mit völliger Vernachlässigung seines Familiennamens. Ueber die dadurch eingerissene Verwirrung: Montaigne, Essays I, 46 (ed. Le Clerc, Garnier p. 420. 21.)

[1]) Dieser Titel oder Vorname scheint nur vorübergehend mit dem Besitze Montferrands verknüpft gewesen zu sein, daher hat wohl ein aufmerksamer Kopist „danfins" in „donziaus" umgeändert. Diese Variante theilt Michel mit.

Charakter eines historischen Romans aus der Vorzeit zu wahren gesucht.

Einige Beispiele werden die Richtigkeit unserer Beobachtung beweisen.

Wir lesen v. 5917.

    Si vint uns quens de riches pris,
    De lignage gentils et haus,
    Larges et hardis et loiaus;
    Toute malvaistés li eslonge,
    Quens fu et sires de Boulongne.

Es unterliegt meiner Ansicht nach keinem Zweifel, dass mit dieser glänzenden Schilderung nur Philipp Hurepel, Sohn Philipp Augusts und der Agnes v. Meran, gemeint sein kann, welcher seit 1223 mit der Grafschaft Boulogne belehnt, 1234 vom Grafen von Kleve erschlagen wurde, weil er den Grafen von Holland meuchlings getödtet hatte.[1]) Er war der Vetter der Gräfin Marie de Ponthieu, seine Frau, Mahaut, die Nichte ihres Gatten. Thatsächlich war er, wie dies auch Girbert andeutet, einer der mächtigsten Barone des nördlichen Frankreichs, auf den die bei Bouvines geschlagene Partei, zu welcher ja Marie selbst gehörte, glaubte rechnen zu dürfen.[2])

Die Romanheldin Oriaut oder Euriaut, Gräfin von Nevers, wird eine Nichte der Königin von Ungarn genannt (v. 824). Ihr Gatte, Gerart, ist der Lehnsherr des Grafen v. Aalst.

    5800 Vint li quens d'Alos et sa gent . . .
    5806 Li quens, qui Gerart apartient.

Zur Zeit des Dichters waren die Courtenais im Besitz von Nevers, ihre enge Verbindung mit Flandern (Marquisat von Namur) und den ungarischen Königen (seit Andreas II.

---

[1]) L'Art XII, 364. 65. Philippe Mousket dagegen berichtet, er sei vergiftet worden (Chronique v. 28126 ff.); dies ist nach v. Reiffenberg die ältere Ueberlieferung; vgl. H. Martin, Histoire de France⁴ IV, 134. 38.

[2]) Man vgl. z. B. Récits d'un ménestrel § 347 f.

1204—35) ist bekannt[1]). Im Jahre 1223 hatte Mahaut I. Gräfin von Nevers, ihre Tochter mit dem Grafen v. Saint-Pol vermählt[2]), welcher daher von unserm Dichter als zur Sippe des Grafen von Nevers gehörig (v. 5928 f.) aufgezählt wird. Die Grafen v. Saint-Pol waren ihrerseits mit den Grafen von Ponthieu sehr nahe verwandt. Girbert hat nämlich nicht ohne Geschick die Träger der Marie von Ponthieu nahestehenden Namen zu Vertheidigern der im Heldenpaar angegriffenen Unschuld gemacht. Deshalb zieht auch ein Herr von Rouci für die Heldin zum Turnier[3]); die dritte Tochter Maries war mit Johann II, Grafen von Rouci, vermählt (L'Art XII, 289).

Dies mag genügen. Ich glaube, alle vom Dichter gegebenen Winke, alle von ihm vorausgesetzten geschichtlichen Verhältnisse erlauben uns die Abfassung des Veilchenromans um das Jahr 1230 anzusetzen; vielleicht ist er noch vor 1230 — dies halte ich für das Wahrscheinlichste — jedenfalls nicht viel nach 1230 der Gräfin Marie überreicht worden. Mit dieser Datirung aber haben wir für unsere weitere Untersuchung einen festen, chronologischen Ausgangspunkt gewonnen.

[1]) Gibbon, History of the decline and fall cpt. XLXI. etc.
[2]) L'Art XI, 227.
[3]) R. d. l. V. v. 5915. Cil de Rousi, qui moult se painne
    D'avoir los d'armes et de pris.

II.
Das Verhältnis des Veilchenromans zum Grafen von Poitiers.

Der Roman vom Grafen von Poitiers ist ein anonymes Gedicht, das unter anderen Personennamen uns dieselbe Erzählung wie der Veilchenroman bietet.

Raynouard (im Journal des Savants 1831) erklärte sich nach Vergleichung beider Werke für die Priorität des Veilchenromans; der Roman vom Grafen von Poitiers ist nach seiner Ansicht nichts als eine grobe Verstümmlung des weit vollendeteren Veilchenromans. Dagegen vertrat Wolf in seiner bekannten Abhandlung (Jahrbuch für wissenschaftliche Kritik 1837) mit grossem Eifer die Priorität des Grafen von Poitiers, dem er eine „frischkräftige, alterthümlich-kernige Darstellung" nachrühmte (S. 914). Ich halte die letztere Ansicht für die allein richtige, trotzdem finde ich die Beweisführung Wolfs wenig überzeugend. Sieht er sich doch selbst zu einer Art von Herausforderung gezwungen (S. 915): „Wer bei so schlagenden Gegensätzen" — Gegensätze in der Auffassung und Gefühlswelt! — „noch zweifelt, welche von den beiden Darstellungen der ursprünglichen Auffassung der Sage näher komme, und daher in dieser Hinsicht die ältere sei, der hat wohl in seiner eigenen Ueberverfeinerung schon allen Sinn für das echte, altehrwürdige und doch ewig junge Epos verloren." Thatsächlich scheint auch Wolf wenig überzeugt zu haben, denn von der Hagen und zuletzt noch Landau[1]) sind der Ansicht Raynouards beigetreten. Nun haben beide, Raynouard wie Wolf, vorzüglich die bisweilen wörtlich übereinstimmenden Stellen der beiden Werke, welche allerdings eine Abhängigkeit voraussetzen, erörtert und zum Ausgangspunkt ihrer verschiedenen Urtheile gewählt. Es liegt aber auf der Hand, dass man bei einigem Scharfsinn das auf diesem Wege gewonnene Resultat stets wieder wird angreifen können. Daher verspreche ich mir mehr von einer Untersuchung über die innere Motivierung der Erzählung, über das übereinstimmende Ineinandergreifen der Details. Man muss, sage ich, die beiden französischen Dichtungen weniger vom ästhetischen als vom rein sachlichen Standpunkt aus beurtheilen. Damit thun wir ihrem Geiste kein Unrecht: die zeitgenössischen Landsleute Abälards[2]) haben sich, ebenso wie die des Descartes, ja hauptsächlich durch ihre klare und gewandte Sprache, in der sie die überlieferten Stoffe und die die damalige Welt bewegenden Gedanken vortrugen, halb Europa tributpflichtig gemacht.[3]) Auch sie besassen bereits die Fähigkeit angenehm und anschaulich die Dinge zu schildern, die Ereignisse zweckgemäss zu verknüpfen und der ganzen Darstellung eine gefällige, lebensvolle Gestalt zu geben, kurz gerade die Eigenschaften, welche man noch heute besonders den französischen Prosaikern mit Recht nachrühmt.

Von den Differenzen der Erzählungen werde ich also ausgehen. Wenn nämlich einer von den beiden Dichtern den andern nachgeahmt hat, so ist es wahrscheinlich, dass er bei einer eigenmächtigen Abänderung oder angeblichen Verbesserung seiner Vorlage sich durch einen nunmehr zweckwidrigen und daher unnöthig gewordenen,

---

[1]) Landau: Die Quellen des Dekameron ² 1884 S. 138.
[2]) Man vergleiche die treffende Bemerkung bei Rémusat, Abélard 1845 II, 549 f.
[3]) Die günstigen Urtheile über die altfranzösische Sprache eines Brunetto Latini, eines Marco Polo, ja eines Dante sind zu bekannt, um einer Zitierung zu bedürfen.

aber trotzdem beibehaltenen Zug als Nacherzähler vererrathen wird.

Die Hauptabweichung der beiden Erzählungen von einander besteht in der Natur der beigebrachten Zeugnisse für die angebliche Schuld der Frau.

Im Grafen v. Poitiers verschafft die Dienerin dem abgefallenen Bewerber drei Unterpfänder:

v. 292: L'anel de son doit li embla,
Que ainc garde ne s'en dona,
Dont espousée l'ot li Quens,[1])
Qui moult estoit et biaus et gens.
A pigne d'or a desmellé
Ses cheveus, X en a emblé;[2])
Plus luisent d'or fin en escu.
Del bon samit qu'ele ot vestu
Trencha I pau del gron devant.

Nachdem die Schwäche dieser Beweismittel bereits von Boccaccio (Decameron II, 9) durch den Einwand des Bernabo angedeutet und von Shakespeare (Cymbeline II, 4) einer vernichtenden Kritik unterzogen ist, ist es unnöthig auf dieselbe nochmals zurückzukommen. Abgesehen freilich von ihrer Schwäche wird man die hohe Alterthümlichkeit gerade dieser Zeugnisse anerkennen müssen. Die Indicien, auf Grund deren Elektra in den Choephoren des Aeschylos ihren Bruder erkennt, sind nicht viel besserer Art als die hier genannten, auch sie fielen vor dem beissenden Spott eines Euripides (ed. Weil, Elektra v. 517 f.). Ebenso

---

[1]) In den romanischen Ländern behielt man die römische Sitte des Eheringes bei, aber die christlichen Frauen trugen ihn an der rechten, die Heidinnen an der linken Hand (Martène, De antiquis Ecclesiae ritibus II, 606 ff.). Die Deutschen übernahmen diesen Gebrauch (Weinhold, Die deutsche Frau ² I, 343), doch trat bei ihnen frühzeitig das Ringewechseln ein (A. Schultz, H. L. I, 486); während sich in Frankreich der ältere Gebrauch, das Geben des Ringes von Seiten des Mannes, wie noch heute in England erhielt (Martène l. c.).

[2]) Ueber die Bedeutung der Locke z. B. Grimm, Deutsche Sagen ² Nr. 404. Weinhold, Altnordisches Leben 1856. S. 251.

beruft sich Kriemhild auf analoge Zeugnisse, um die Schande ihrer Gegnerin zu beweisen.

Nahm man jedoch wie in unserem Falle diese Beweismittel einmal an, so war es unbedingt nöthig, die angeschuldigte Frau zu einer Konfrontation zu rufen. Nur so konnte man sich davon überzeugen, dass die drei Gegenstände wirklich ihr angehörten. Diese Konfrontation musste möglichst eilig betrieben werden, damit auch die Identität des Kleidzipfels festgestellt werden konnte. Im Grafen von Poitiers geschieht dies in der That; die angeklagte Frau wird sofort zur Untersuchung entboten (v. 368 f.). Die Haare und besonders die „entaille"[1]) geben für die Zuschauer den Ausschlag (v. 397 f.), wärend der Ring natürlich nur von dem Gatten rekognosziert werden konnte.

Girbert hat nun dies Beweismittel ganz anders gestaltet: bei ihm ist es ein Muttermal, das der Verräther mit eigenen Augen gesehen hat, und auf welches er sich beruft, um die Schuld der Frau und seinen angeblichen Sieg zu beweisen. Wozu war hier noch das Herbeirufen der Angeklagten nöthig, fragen wir! Musste nicht der Gatte von der Schuld der Frau überzeugt sein, sobald der Verräther nur den Mund aufthat![2]) Aber gesetzt: der Mann hätte

---

[1]) Uebrigens hat der alte Erzähler ausdrücklich bemerkt, dass der Zipfel von dem „neuen" Kleide der Dame abgeschnitten wurde (v. 95), in dem sie auch bei der Konfrontation erscheint (v. 407). So unwahrscheinlich wie das ὕφασμα bei Aeschylos ist die Sache also nicht dargestellt, das allerdings den Einwand des Euripides verdiente (l. c. v. 543): Πῶς ἂν, τότ᾿ ὢν παῖς, ταὐτὰ νῦν ἔχοι φάρη, Εἰ μὴ ξυναύξοινθ᾿ οἱ πέπλοι τῷ σώματι; In älterer Zeit, wo die Gewänder nicht so häufig wie heute gewechselt wurden, konnte die Kleidung und ihr Träger als zusammengehörig aufgefasst werden, daher die vielen symbolischen Bedeutungen einzelner Gewandstücke (Mantel, Handschuh etc.). Jemanden an den Rock greifen, oder „ein Stück von seinem Geren schneiden" hatte rechtliche Bedeutung: J. Grimm, D. Rechtsalterthümer³ S. 159. vgl. die Saul-Davidgeschichte!

[2]) Das Muttermal befindet sich nämlich an einer so intimen Körperstelle, dass seine Kenntnis geschlechtlichen Verkehr vorausgesetzt (R. d. l. V. v. 597 f.). Um dies Mal vor ihrer Zofe zu verbergen, schlief

leugnen wollen. Weshalb musste dann die Zitierung der Frau so besonders eilig betrieben werden, da doch die Entscheidung hier nicht, wie im Grafen von Poitiers, auf einem leicht zu vertauschenden Kleiderrock, sondern auf einem unveränderlichen Körperabzeichen beruhte! Der hastige Aufbruch des Boten, welcher Hals über Kopf nach Nevers (dem Aufenthaltsort der Angeklagten) stürzt; sein Drängen und Treiben, die Angeklagte unverzüglich und so schnell wie möglich zur Stelle zu schaffen, haben also bei dieser Darstellung keinen Sinn. Unwahrscheinlich ist endlich auch die Vorladung begründet; sie soll nämlich von dem Verräther selbst gewünscht sein (R. d. l. V. v. 739), der wohl alle Ursache hatte, eine Konfrontation mit seinem Opfer eher zu meiden als zu provozieren.

Meiner Ansicht nach liegt es hier klar zu Tage, dass Girbert diese Konfrontation nur deshalb eingefügt, oder besser beibehalten hat, weil er — was ja psychologisch leicht erklärbar ist — trotz seiner Abänderung unter der Einwirkung seiner Vorlage, d. h. des Grafen von Poitiers stand. Zugleich mit dieser Scene übernahm er den Boten, „le messagier Jofroi" (R. d. l. V. v. 783), dessen Vorname selbst mit dem des Boten im Grafen von Poitiers übereinstimmt (C. d. P. v. 375 f.)[1]. Auch dies ist kein zufälliges Zusammentreffen. Der Verfasser des Grafen von Poitiers hat die gesellschaftlichen Verhältnisse seiner Personen nur äusserst flüchtig angedeutet, diesen Boten nennt er daher kurz einen Neffen seines Helden. Anders Girbert: er hat, wie oben gezeigt, seinen Personen fast durchweg historische Namen beigelegt, nur diesen Boten

---

die Heldin, wie die Dame dou Fael Hist. Litt. XXIII, 557, stets im Hemde (R. d. l. V. v. 578); dies war sonst nicht gebräuchlich, vgl. Le Boucher d'Abbeville, Barb. u. M. IV. Le Chevalier à l'espée bei Méon, N. R. I etc. Im XIV. Jahrh. wurde dies anders: Boccaccio, Filostrato III, 31 f. ed. Moutier p. 90.

[1]) Dasselbe gilt von dem Vornamen des Helden des Veilchenromans; auch der Graf von Poitiers heisst Gerart (C. d. P. v. 36).

lässt auch er einfach als einen Neffen des Helden (R. d. l. V. v. 747) auftreten.

Noch auf einen Punkt will ich aufmerksam machen: Im Grafen von Poitiers, dessen Dichter sicher zu den fahrenden Sängern gehörte, welche sich an die unteren Klassen der Gesellschaft richteten, bildet das Zähneeinschlagen ein äusserst gewöhnliches Intermezzo. Mit einer derartig handgreiflichen Drohung weist die Heldin den etwas zudringlichen Verräther ab (C. d. P. v. 164 f.). Ihr Gatte führt die Drohung aus, als der Verräther seinen erlogenen Triumpf erzählt (v. 352 f.). Ein zweiter Bewerber sucht die Heldin durch einen kräftigen Faustschlag ihm günstig zu stimmen (v. 991 f.)[1]; glücklicherweise ist der rechtmässige Gatte zur Stelle, um diesem ungestümen Hochzeiter sofort zwei Zähne einzuschlagen (v. 1000). Wenn nun diese realistische Schilderung mit dem Geist des etwas derb gehaltenen Romans völlig in Einklang steht, um so überraschender wirkt es, dass auch der höfisch vollendete Girbert zu demselben Mittel seine Zuflucht genommen hat. Auch seine Heldin vertheidigt sich einmal in der Weise, welche die Gräfin von Poitiers nur angedroht hatte (R. d. l. V. v. 3984 f.)[2], und beweist dadurch,

---

[1] Dies erinnert an das Verhalten Wilhelms des Eroberers, als die Gräfin von Flandern seine Hand ausschlug, weil er ein Bastard sei (Ph. Mousket v. 16934 f.), ritt Wilhelm nach Lille und ohne viele Redensarten Si l'a jus à ses piés giétiée, Et as esporons deboutée, Et de puins et de piés batue (ib. v. 16958 f.). Diese Behandlung hatte den erwünschten Erfolg, die Gräfin erklärt nunmehr: Quar jou sai bien que moult valoit Li dus, ke çaiens me vient batre ib. 17329 f.). Ueber eine Ohrfeige, die Hugo IV, Graf v. Saint-Pol, bei einem Hoffeste austheilte: L'Art XII, 359. Im Récits d'un ménestrel § 268 etwas in ihrer Wirkung übertrieben.

[2] Diese Situation (v. 3980 ff. ein Gewaltakt wie Ariost, O. F. XIII, 28) hat Wolf nicht berücksichtigt, der (l. c. S. 908) im Veilchenroman „die freche That" vermisste. Gautier de Coinci, dem man Prüderie nicht nachsagen wird, zeigt uns in seiner Kaiserin von Rom, dass sich eine Frau auch aus solcher Lage durch die Macht ihrer Rede befreien konnte. Méon, N. R. II v. 1280 ff.

dass sie in Wahrheit nur eine Metamorphose der viel energischeren Dame ist.

Ergiebt sich aus diesen Momenten eine thatsächliche Abhängigkeit Girberts von dem Verfasser des Grafen von Poitiers, so müssen wir uns nunmehr fragen, wann dies anonyme Gedicht wohl entstanden sein kann? Zur Beantwortung dieser Frage habe ich freilich in dem Romane selbst keinen sicheren Anhalt entdecken können[1]), trotzdem hoffe ich über sein Alter eine mehr oder weniger annehmbare Vermuthung vorschlagen zu dürfen. Aus der hässlichen Rolle, zu der in ihm ein Herzog von der Normandie verurtheilt wird, möchte ich nämlich schliessen, dass der Graf von Poitiers eine Art von litterarischer Repressalie ist gegen die übermächtige Stellung des grossen, genauer des grössten Lehnsmannes der Krone Frankreichs. Wenigstens lässt es sich denken, dass ein königstreuer[2]), oder den Normannen

---

[1]) Auch der zweite Theil (von v. 1229 f.), den Wolf (l. c.) als einen späteren Zusatz betrachtet, bietet nichts zur Datierung geeignetes. Derselbe enthält eine Brautwahl, die vielleicht der Esthergeschichte nachgeahmt ist. Doch mögen solche Werbungen, bei denen sich die Braut zu entkleiden hatte, vorgekommen sein: A. Schultz l. c. I, 483 Anm. 1. Froissart zitiert von Meiners, Historische Vergleichung I, 229 Anm. s. Bayle, Dict. philos. Artikel Sforza Remarque F. (ed. Beuchot XIII, 266 f.) etc.

[2]) Obgleich Pipin wenig hervortritt, wird seiner überall mit Hochachtung gedacht: z. B. v. 211. p. 17. 20. 48. Darin unterscheidet sich also unser Gedicht von manchen Chansons de geste, besonders aber von den normannischen Gedichten, die ihrerseits das franz. Königthum recht geringschätzig darstellen, wie der Roman de Rou (II, 414. 1086. 1588 etc.) am besten lehrt (vgl. G. Paris, Littérature f. § 108). Die Macht der damaligen „Journalisten" ist nicht zu unterschätzen; sie wurden von einem Fürsten unter Umständen gut bezahlt „ut de illo canerent in plateis" (L. Gautier, E. F. S. 364 Anm. 3), oder sie verlangten Bezahlung für ihr gereimtes Lob (Gautier S. 380). Im Veilchenroman fehlt jede politische Anspielung, weil zur Zeit Girberts der Graf von Forez (der Verräther) zugleich Graf von Nevers (der Held) war (L'Art X, 494), und weil der Dichter für die übrigen unangenehmen Rollen unhistorischen Namen wählte, z. B. R. d. l. V. 3959 Apielés fu Meliatir, N'ot si félon de si à Tyr.

feindlicher Dichter sich erlaubt hat gerade einen Herzog von der Normandie als Verräther zu brandmarken; einen Herzog, gegen welchen noch Ludwig VII. nur ohnmächtige Klagen erheben konnte (H. Martin, Histoire de France III, 499). Erwägen wir ferner, dass die Normandie im Grafen von Poitiers noch nicht als Krongut gilt, während sie dies im Veilchenroman offenbar schon ist, dann scheint uns der weitere Schluss berechtigt, dass die Abfassung des Grafen von Poitiers noch vor der Eroberung der Normandie durch Philipp August (1204) anzusetzen ist.

Die äussere Haltung des Gedichtes stimmt mit dieser ohngefähren Schätzung überein. Es beginnt mit den stereotypen Worten einer Chanson de geste [1]):
  Oiés por Dieu le fil Marie,
  Chançon de moult grant segnorie.
Neben den Helden der nationalen Epen werden nur noch Helena, Alexander und Constantin (p. 9. 28. 45 etc.) erwähnt; eine Anspielung auf die Ritter der Tafelrunde findet sich noch nicht. Gerade der letzte Punkt scheint mir besonders bedeutsam, da bekanntlich [2]) die späteren Bearbeiter der mehr volksthümlichen Stoffe scheele Blicke auf die modischen Gesellen des Königs Artus zu werfen pflegten. Unser Dichter wird demnach zu einer Zeit geschrieben haben, als die sogenannten keltischen Romane noch nicht allgemein bekannt und verbreitet waren, also etwa vor den epochemachenden Werken Chrestiens.

Nur ein flüchtiger Blick in den Veilchenroman zeigt uns sofort die veränderte Zeit. Hier schimmern gleichsam durch alle Fugen der Erzählung die romantischen Gestalten jener Artusromane durch. Aus den derben Recken des Grafen von Poitiers sind galante Höflinge geworden; aus der kurzen, knappen Sage ein Abenteuer-

---

[1]) L. Gautier l. c. S. 339. Enfances Godefroi: Signor, oiez cançon qui moult fait à loer. — Ogier: Seignour, oyés chançon dont li ver sont plaisant. Vgl. Octavian (ed. Vollmöller) — wie der Graf v. Poitiers den Ton der Chansons d. G. nachahmend —: Seigneor preudom, or escoutes.

[2]) L. Gautier l. c. S. 338 f.

roman. Wie die übrigen Umarbeiter der älteren Epen versichert uns auch Girbert, dass er uns etwas Besseres als einen Roman von der Tafelrunde zu geben beabsichtige:

   v. 32. Quar jou dirai, et bien lor poist,
          Tant com jou puis et il me loist,
          Un conte bel et delitable.
          N'est pas de la Reonde Table,
          Dou roi Artu, ne de ses gens.[1])

Trotz dieser Versicherung passt jedoch auch auf ihn die Bemerkung Gautiers (S. 339): „Les épopées qui sont le plus imprégnées de l'esprit nouveau sont celles précisément où les auteurs protestent avec le plus d'énergie contre cet esprit." In der That Girberts Werk gehört in die grosse Klasse der Umarbeitungen alter Epen oder Erzählungen aus dem XII. Jahrhundert nach dem Geschmacke des XIII. Jahrh. Auch er hat nichts weiter gethan, als das Gewand der vorgefundenen Fabel zu modernisieren und ihr selbst etwas grössere Wahrscheinkeit zu geben.

Dass nun Girbert ein viel geschickterer Erzähler als der unbekannte Verfasser des Grafen von Poitiers gewesen ist, dies ist Raynouard unbedingt zuzugeben. Mit flotten Pinselstrichen und grosser Anschaulichkeit hat er uns Personen und Bühne, Schlachten und Turniere, Sänger- und Ritterleben, ja selbst die Krankenstube geschildert. Aber in Bezug auf den ursprünglichen Charakter der Sage ist die Darstellung des Grafen von Poitiers, wie schon Wolf richtig herausgefühlt hat, sicherlich vorzuziehen.

Doch liegt die Sache keineswegs so, das uns der Graf von Poitiers die Sage ohne jede Zuthat von Seiten seines Verfassers übermittelt. Vielmehr erkennen wir durch

---

[1]) Aehnlich v. 6589 f. Birch-Hirschfeld hat diesen Protest irrthümlich für eine Bestätigung der Theilnahme Girberts an der Fortsetzung der Gralsage genommen.

eine Vergleichung der übrigen, weiter unten zu besprechenden Redaktionen, dass er die Rolle der Frau verändert hat. Sei es dass ihm dieselbe, wie er sie vorfand[1]), unwahrscheinlich erschien, oder sei es dass er die Erzählung abkürzen wollte, kurz er liess den Verrath durch den Gatten sofort entdecken. Ein glücklicher Griff, insofern nun Einheit und zielbewusstes Handeln in die alte Erzählung kam; allein die Frau, die ursprünglich die Hauptrolle spielte, wurde dadurch etwas zurückgedrängt.

Von allen Bearbeitern hat Girbert allein diese Entdeckung mit ihrer für die Frauenrolle nothwendigen Konsequenz aufgenommen. Ja, er hat jede Beihülfe der Frau zur Aufklärung des Verraths durch die Art des von ihm benutzten Beweismittels unmöglich gemacht. Es ist hier nicht der Ort zu untersuchen, ob Girbert der eigentliche Erfinder des Muttermals ist[2]); das aber steht fest, dass diesem Zeugnis gegenüber die angeklagte Frau nur ohnmächtige Klagen ausstossen konnte; entkräften konnte sie dasselbe nie[3]).

Damit nicht zufrieden, hat Girbert die rechtmässige und auf ihre Frauenehre (C. d. P. v. 188 f.) stolze Gattin der alten Erzählung zu der Geliebten des Romanhelden degradiert.[4]) Es ist leicht ersichtlich, wie der

---

[1]) Selbstverständlich betrachte ich den Grafen von Poitiers nicht als eine Originalerzählung, sondern werde in der Folge seine vermuthliche Vorlage kurz zu skizzieren suchen.

[2]) M. A. n. hat er nur den Vergleich des Leberflecks mit einer Blume (Veilchen) „erfunden".

[3]) R. d. l. V. v. 968 f. und besonders v. 5670. Dagegen ist die Gräfin von Poitiers zur Feuerprobe bereit und versucht noch später ihre Vertheidigung. C. d. P. v. 425 f. 538 f.

[4]) Die Aussage des Dichters über die erst nachträglich vollzogene Verbindung ist ganz formell: R. d. l. V. v. 6573. Birch-Hirschfeld hat dies übersehen (l. c. S. 118). Der moderne Bearbeiter unseres Romans (in der Bibliothèque universelle des Romans, Paris 1780) hat Girbert deswegen angegriffen (l. c. p. 5 Comment le romancier a-t-il osé porter la démence jusqu'à choisir la soeur ou la cousine d'une Reine de France pour en faire la mie de son héros?). Er selbst freilich weiss nichts besseres zu thun als dafür eine schlüpfrige Liebelei à la Longus einzusetzen.

Dichter zu dieser Veränderung gekommen ist. Die Artusromane einerseits hatten zum Theil die Verherrlichung gerade solcher Liebesbündnisse übernommen; andererseits war ja thatsächlich die Ehe in der hohen Gesellschaft, für die der Veilchenroman geschrieben ist, durch die Aufhebung des sogenannten salischen Rechts in Verruf gekommen [1]). Der Widerstand einer Ehefrau wird daher unserm Dichter als zu wenig wahrscheinlich erschienen sein[2]); auf jeden Fall war seinen Lesern ein solches Verhältnis interessanter. Die „freie Liebe" hatte eben in Frankreich schon längst ihre Vertheidiger gefunden! Abälard und Heloise [3]), Guillem de Cabestaing und Margarida[4]), Raoul de Couci und die Dame Fayel[5]), die Herrin von Vergi und ihr Ritter[6]), endlich Thibaut und Isabelle von

---

[1]) Ueber diese Rechtsverschiebung: P. Gide herausgegeben von Esmein, Paris 1885, Étude sur la condition privée de la femme. S. 343. 344. 350. 53 besonders 361 f. Fauriel, Histoire de la Poésie provençale I, 497. für Nordfrankreich H. Martin l. c. III, 16. Eine Erbtochter war den Gesetzen nach vom 12—60 Jahr ¡zur Ehe verpflichtet: Laboulaye, Recherches sur la condition c. et p. de la femme S. 257—58. Eine tabellarische Uebersicht über die Erbfolge in den grossen Lehen Frankreichs findet sich bei Laboulaye S. 468 f. Beispiele über den skandalösen Handel der mit Erbtöchtern ¡getrieben wurde in L'Art d. v. l. d. auf Schritt und Tritt (z. B. XI, 221. XIII, 332 etc.).

[2]) Der Frauendienst, der damals auch Deutschland bedrohte (Weinhold l. c. I, 256), galt besonders der verheiratheten Frau. Interessant ist die Frage des Chevalier de la Tour (ed. Montaiglon) S. 260; oder für die spätere Zeit Montaigne l. c. III, 5 (314 f.).

[3]) Abälard (ed. Cousin. I, 15. Addebat denique ipsa ... quam sibi ca¡¡um existeret, mihique honestius amicam dici quam uxorem etc. (Bekanntlich von Jean de Meun nachgeahmt). cf. Boccaccio, Il Filostrato II, 73. 74. ed. Moutier p. 55. Bei der Auffassung eines solchen Bundes wird romanisches und deutsches Urtheil stets verschieden ausfallen: vergl. Deutsch, P. Abälard S. 35 über Rémusat.

[4]) Hist. Litt. XIV, 210. Diez, Leben und Werke der Troubadours (II. Aufl.) S. 67 f.

[5]) Hist. Litt. XV, 579.

[6]) Barb. u. M. III, 296 f. Die Dame war verheirathet (v. 714). Die Geschichte soll einen historischen Hintergrund haben: Hist. Litt. XXIII, 558. Bojardo, O. J. I, 12 hat selbst aus Thisbe eine Ehefrau gemacht.

Castilien ¹) sind nach Tristan und Isolde die bekanntesten Beispiele eines solchen Bundes.

Allein durch diese einschneidende Veränderung verlor die Heldin des Veilchenromans das moralische Interesse. Von ihr hören wir nicht mehr die Sprache der Pflicht und der beleidigten Ehre, wie von der Gräfin von Poitiers (C. d. P. v. 185 f.)²), sondern nur noch die Sprache der durch den Bewerber „gelangweilten" Geliebten (R. d. l. V. v. 466 f.).³) Girbert muss selbst gefühlt haben, dass er seiner Heldin den Widerstand gegen die Versuchung zu leicht gemacht hatte, daher suchte er durch neue Prüfungen im Geschmacke seiner Zeit das Interesse für sie wach zu halten. Die über seine Heldin hereinbrechenden Abenteuer verrathen aber keineswegs eine grosse Erfindungsgabe;⁴) ganz abgesehen davon, dass die Irrfahrten der Heldin⁵) für die eigentliche Erzählung ganz werthlos sind. Das gleiche ist auch von den Erlebnissen des Helden zu sagen. Anstatt nach der Entdeckung des Verraths, der ihm und seiner Geliebten gespielt wurde, die Ver-

---

¹) Barb. u. M. II, 224 Maintes paroles an dit an Come d'Iseut et de Tristan. Dieser Frauendienst ist für die romanisch-katholischen Länder charakterisch geblieben, obgleich sich im Lauf der Zeit die Ursachen desselben mögen verändert haben (J. Burckhardt, Die Cultur der Renaissance (III. Aufl.) II, 210 f. etc.).

²) Man vrgl. Blanciflor im Macaire (ed. Guessard) v. 85 f.

³) Wolf l. c. S. 909 hat diesen Unterschied wohl gefühlt, ohne jedoch den Grund dafür anzugeben.

⁴) Zunächst hat er das zweite Abenteuer der Gräfin v. Poitiers weiter ausgesponnen (R. d. l. V. v. 1187—3857). Dann von v. 3980 folgt ein Abenteuer, das an die Kaiserin v. Rom Gautiers de Coinci (l. c. v. 1040 ff.) erinnert, oder an die spanische Erzählung vom Kaiser Otto v. Rom, Historia critica de la literatura española v. A. de Los Rios V, 391 f., besonders cpt. XLIV. Diese Erzählung geht nach Mussafia (Sitzungsbericht d. W. A. 1867. 53, 500) auf ein franz. Original zurück.

⁵) Natürlich wird die Heldin trotz ihrer angeblich zweideutigen Vergangenheit (R. d. l. V. 1187 f.) in der besten Gesellschaft auf das freundlichste aufgenommen. Ein stereotyper Zug der damaligen Romane, worüber sich bereits Drouin im Roman de Trubert v. 2288 f. (Méon N. R. I) lustig gemacht hat.

stossene, wie der Graf von Poitiers, aufzusuchen, verliert er plötzlich die Spur derselben (R. d. l. V. v. 1501 ff.) und stürzt sich in alle möglichen Abenteuer, die nicht zur Sache gehören. Fast hat er seine Geliebte bereits vergessen,[1]) da findet er sie endlich nach zweijährigem Herumirren (R. d. l. V. v. 5156 f.) durch einen glücklichen Zufall wieder. Alle diese von Girbert eingeschobenen Episoden sind streng genommen selbständige Erzählungen, die nur durch willkürliche Personalunion mit den Helden und ihren Schicksalen zusammenhängen (vgl. Wolf S. 908). Gerade sie verrathen uns jedoch den mächtigen Einfluss der Artusromane, sowie das nicht unbedeutende Erzählungstalent des Dichters. Ganz besonders offenbart sich die Ueberlegenheit Girberts, so oft und so lange er mit dem Verfasser des Grafen von Poitiers in Konkurrenz tritt; sucht er dagegen den überlieferten Rahmen zu durchbrechen, um seine eigenen Wege zu wandeln, dann hört jene Ueberlegenheit auf und seine Darstellungskraft erlahmt. In Ansehung der eigentlichen Sage ist es auf alle Fälle ein Glück gewesen, das Girberts Darstellung und Auffassung derselben so gut wie verschollen geblieben ist.[2])

[1]) Ein von einem Vogel geraubter Ring erinnert ihn endlich an seine Geliebte (3910 f. und 4200 f.). Ein ähnlicher Zug findet sich im L'Escoufle — cf. die witzig sein sollende Inhaltsangabe dieses noch ungedruckten Romans in Histoire littéraire XXII, 807 f. — R. Köhler bringt dazu eine deutsche Parallele: „Dies ist der busant", Germania XVII, 62—64.

[2]) Wie die gleichzeitigen Artusromane enthält der Veilchenroman eine Fülle archäologisch interessanter Schilderungen, die bei der Seltenheit der Ausgabe Michels von A. Schultz leider nicht benutzt sind. Quicherat, Histoire du costume, hat, soweit ich sehe, nur die Beschreibung eines Mantels (p. 186) aufgenommen; die Beschreibung des „cainse" (R. d. l. V. v. 1585 f.) muss er übersehen haben, denn er hält cainse irrthümlich für ein Hemde. So ist z. B. die für die Geschichte der gottesgerichtlichen Ceremonien wichtige Stelle: R. d. l. V. 6276 Gérars l'ot, maintenant s'aploie; Le pan de son ermine ploie, Es mains le roi l'a pouroffert — noch nicht genügend beachtet und ausgenutzt (Pfeffer zitiert sie in Zeitschrift für romanische Philologie IX, 29). Die Stelle wird jedenfalls durch analoge Ceremonien bei der Adoption (Ducange Dissertation XXII) zu erklären sein.

Die von uns nachgewiesene Abhängigkeit des Veilchenromans vom Grafen von Poitiers ist übrigens für die vergleichende Litteraturgeschichte insofern von Wichtigkeit, weil wir nunmehr der Hypothese, unsere Sage stamme aus dem Orient, erfolgreich entgegentreten können. In Anschluss an Raynouard betrachtete von der Hagen den Veilchenroman als die älteste Darstellung der Sage; er vermeinte daher in dem mit einem Veilchen verglichenen Muttermal „eine Verwandlung der indischen Wunderblume" (Gesammtabenteuer III p. XCIX) wiederfinden zu dürfen. Das wäre sicher die wunderbarste Metamorphose; eine geheimnisvolle Zauberblume soll sich in einen vulgären Leberfleck verwandelt haben! Diese Vermuthung entbehrt jedes Grundes, da, wie ich gezeigt habe, die älteste, uns bekannte abendländische Darstellung unserer Sage, der Graf von Poitiers, das Muttermal und mit ihm den Blumenvergleich nicht kennt.¹) Ueberhaupt entbehrt unsere Sage jener mehr oder weniger witzigen Einkleidung, welche für die orientalischen Sagenstoffe so charakteristisch ist. Die meiner Ansicht nach hochalterthümlichen und daher wohl ursprünglichen Zeugnisse, welche im Grafen von Poitiers die Schuld der Frau beweisen sollen, sind viel zu naiv, als dass sie von den kaustischen Semiten so ganz unverändert durchgelassen und weiter gegeben wären.²)

---

¹) Diesen Vergleich hat von den späteren Darstellern nur noch Shakespeare.

²) Ich denke hierbei hauptsächlich an die Erzählungen der Gesta Romanorum, oder an die Disciplina clericalis des Petrus Alfonsus ed. Schmidt, Berlin 1827 (der lateinische Text der Pariser Ausgabe ist fast durchweg besser); Erzählungen, welche höchst wahrscheinlich auf hebräische Mittelglieder zurückgehen, was Gayangos (Bibliotheca de Autores Españoles. Band 51) verkannt hat. Die von Gayangos zusammengestellten „Arabismen" (l. c. S. 443 ff.) beweisen nur, dass er des Hebräischen unkundig ist. Diese hebräischen Mittelglieder sind zum Theil veröffentlicht von Dérenbourg, Deux versions hébraïques de Kalîlâh et Dimnâh 1881. Man vergleiche ferner die bekannte Abhandlung Comparettis. dessen Ausführungen von Baethgen, Sindban 1879, als völlig erschöpfend erklärt werden; ausserdem Max Müller über die

— Ferner hat R. Köhler auf Grund der Wette um die Treue der Frau unsere Sage mit der Erzählung Adams v. Cobsam: The Wrigth's chaste Wife, in Verbindung bringen wollen (Jahrbuch für r. u. e. Literatur Leipzig 1867, S. 63). Doch scheint mir Köhler durch diese von ihm natürlich nur äusserst vorsichtig vorgetragene Zusammenstellung den Kern unserer Sage zu verkennen. In der englischen Erzählung, deren orientalischen Ursprung ich nicht bestreite, handelt es sich doch nur um eine witzige Prellerei,[1]) hier in unserer Geschichte um eine wirkliche Versuchung der Frau. Muss denn jede Erzählung einer Wette gleich aus dem Orient stammen? Wetten wurden im Mittelalter oft genug abgeschlossen; so erzählt, um nur ein Beispiel zu nennen, der Chevalier de la Tour Landry (S. 41), man habe auf den Gehorsam einer Frau gewettet. In einer noch roheren Gesellschaft wird es also wirklich vorgekommen sein, dass man selbst auf die Treue einer Frau gewettet hat. In unserer Erzählung ist die Wette doch nur eine Einkleidung der den Bestand der christlichen Ehe gefährdenden Frage: kann eine verheirathete Frau treu sein?[2])

Wanderung der Fabeln (in der franz. Uebersetzung seiner Essays p. 417 ff.), G. Paris, Les contes orientaux (Separatabdruck der Revue politique et littéraire) und endlich die Nachträge Benfeys zu seiner berühmten „Einleitung" in der Einleitung zu Bickels syrischer Ausgabe von Kalilag und Damnag 1876.

[1]) Das moralische Niveau dieser Erzählung ist dasselbe wie in den „Mönchen von Kolmar" v. d. Hagen l. c. Nr. LXII.

[2]) Daher ist auch eine Parallele mit Lukretia (Simrock: Quellen des Shakespeare² I, 280) nur in bedingter Weise zulässig. Die Bedenken eines christlichen Lesers gegen Lukretia hat Augustin (De civitate Dei I, 19, ed. Dombart p. 33) kurz so formulirt: „Si adultera, cur laudata; si pudica, cur occisa?" Ganz ungehörig dagegen ist die z. B. von Grässe (Lehrbuch der a. Literärgeschichte II, 3. S. 277) vorgeschlagene Vergleichung mit Giletta v. Narbonne (Boccaccio D. III, 9; ins Magische übertragen von Straparola, cf. Sansovino, Cento Novelle III, 8 Venedig 1603 p. 130 ff.). Dies ist allerdings eine gut orientalische Geschichte, deren Quelle wir jedoch nicht nothwendig mit Landau, Quellen des Dekameron S. 146. nur in Indien zu suchen haben, da sie sich bereits in der Genesis Cpt. 38 findet (über den entscheidenden Ring vgl. Dillmann, Erklärung der Genesis⁴ S. 380).

Diese Treue galt fast allgemein als problematisch; bei der geringen Achtung, welche man in der damaligen Gesellschaft vor der moralischen Kraft und Selbstbestimmung des Weibes hatte, mochte dem einen oder dem andern Ehemann eine Wette als das einfachste Mittel zur Beruhigung seiner Zweifel, zur Stillung seiner Neugierde erscheinen; so konnte er in der That erfahren, ob er im Besitz eines „echten Diamanten" sei.[1]) Ich halte es daher nicht für unmöglich, dass sich unsere Sage auf dem Boden der mittelalterlichen Gesellschaft spontan entwickelt hat,[2]) vielleicht unter dem Einfluss der Geschichte von der schönen Susanna[3]) und anderer aus der hellenistischen bezw. byzantinischen Litteratur stammenden Erzählungen von unschuldig verfolgten Frauen.[4]) Die ungelenke und äusserst primitive Urform

---

[1]) Dieser Vergleich findet sich bei Cervantes (Don Quijote ed. Hartzenbusch 2, 116). In seiner besten Novelle (Hartzenbusch), El curioso impertinente, schildert er uns die oben angedeutete Erwägung mit grosser Anschaulichkeit. Ein Lied des Veilchenromans v. 1314 f. scheint mir dem gleichen Gedankenkreise zu entstammen.

[2]) Ihre Entstehung ist natürlich nur nach den Kreuzzügen denkbar, welche ja für die Entwickelung des mittelalterlichen Individualismus dieselbe Bedeutung hatten wie die Eroberungen Alexanders für die griechische Welt (Rohde, Der griechische Roman S. 15 ff.; Wackernagel-Martin, Deutsche Litteratur I, 125 etc.). In den Chansons de geste ist, wie in den altdeutschen Epen, die Frauenfrage noch nicht angeregt: L. Gautier l. c. S. 336; Th. Krabbes, Die Frau im altfranz. Karlsepos, Marburg 1884 (wenig zu gebrauchen). Selbst von der Karolingischen Hofdichtung gilt das gleiche: Ebert, Litteratur des Mittelalters II, 52. 59. 80 etc.

[3]) Durch die sehr alte Commendatio animae (cf. Le Blant, Etude sur les sarcophages chrétiens 1878 p. XXVII) wurde man fortwährend an Susanna erinnert. Daher finden sich auch direkte Beziehungen auf ihre Geschichte z. B. Gautier de Coinci, Kaiserin v. Rom v. 1037 flg.; Miracles de Nostre Dame ed. G. Paris et U. Robert Nr. XXVII, 1463 .; XII, 1071. Wie hier, so schon in der patristischen Novellistik z. B. Ambrosius, De virginibus II, 4 (Eine Christin ist nach dem Muster griechischer Romane — cf. Rohde S. 387 — in ein öffentliches Haus gerathen).

[4]) Dahin rechne ich besonders die Verkleidungen, welche die Re-

der Sage, die ich aus ihren verschiedenen Redaktionen herausschälen werde, darf, glaube ich, als Bestätigung meiner Annahme gelten.

Dazu kommt, dass auch unsere Sage gleich der Erzählung von Bertha mit den grossen Füssen (über ihren „autochthonen" Ursprung V. Schmidt, Rolands Abenteuer III, 25) einen relativ volksthümlichen Charakter trägt. Ereignisse der eigenen Gegenwart mögen solche Sagen erzeugt haben, aber erst durch Verbindnng mit dem übernatürlichen Element gewannen sie für die Menschen des Mittelalters einen gewissen Reiz. Es ist eine Art von niederer Volksepik, die in ihnen noch eine Nachblüthe trieb, als die Quelle der Heldensage längst versiegt war, Dichtern zu unerschöpflichen Kombinationen überlassen. Sie sind leicht zu unterscheiden von den Produkten der reinen Kunstepik, den Artusromanen: hier herrscht die ungezügelte Lust am Fabulieren und nur selten verlässt das überlegene Lächeln die Lippen des Dichters (vgl. die Schlussverse des Chevalier au Lyon); dort tritt uns das ernste Streben entgegen, nicht bloss eine wahre, sondern wenn möglich eine wirkliche Geschichte zu erzählen. Dieser Unterschied wird selbst durch das beiden Arten gemeinsame Grundthema, die Liebe, nicht aufgehoben, denn in den Artusromanen feiert die weltliche, die freie Liebe ihre leichten Triumpfe, in unserer Sage und in den ihr verwandten Stoffen ist es zumeist die verkannte Liebe eines treuen Eheweibs, welche die ihr auferlegten, schweren Prüfungen siegreich überwindet.

---

daktoren unserer Sage, wie der unbekannte Verfasser von Beuvon d'Hanstone (Josiane) Hist. litt. XVIII, 749. Junker, Grundriss der franz. Litteratur S. 61, vermuthlich den hellenistischen Erzählungen entlehnt haben.

III.
Ueber die Abfassungszeit der übrigen romanischen Redaktionen, ihr Verhältnis zu einander und zu den Romanen.[1]

A. Le Roman du roi Flore.[2]

Der Zeit nach gehört der König Florus, aus dem uns allein die Schicksale Robins und seiner Frau interessieren, wahrscheinlich dem zweiten Drittel des XIII. Jahrhunderts an. Michel (Notice p. VI) hat diese Prosaerzählung sogar in den Anfang des XIII. Jahrhunderts verlegen wollen. Dies scheint mir etwas zu hoch gegriffen zu sein. Hier wird nämlich bereits Aigues-Mortes als Hafen der Kreuzfahrer genannt (ed. Michel S. 43), während im Veilchenroman noch der ältere Hafen, Saint Gilles (v. 304), das Ziel eines Kreuzfahrers ist.[3] Daraus schliesse

---

[1] Der Kürze wegen bezeichne im weiteren Verlauf den Grafen von Poitiers und den Veilchenroman als „die Romane".

[2] Rochs, der sich begnügt Michels Inhaltsangabe dieser Novelle zu übersetzen, behauptet (l. c. S. 10), dies Werk sei „noch nicht herausgegeben." Bereits R. Köhler hat ihn in der oben zitierten Kritik darüber zu belehren gesucht, dass der Roman du roi Flore schon dreimal gedruckt ist. Ich zitiere nach der Ausgabe Michels, Paris 1838.

[3] Elisée Reclus, La France S. 247. „Les changements de cours du petit Rhône ont eu . . . . une importance historique. Saint Gilles, où maintenant n'accèdent que les barques des canaux, fut un port de mer fréquenté dès l'époque phocéenne; au douzième siècle, avant la création du port d'Aigues-Mortes ce fut le havre du midi provençal où s'embarquaient en plus grand nombre les pèlerins de la Palestine" (cf. S. 293). Der Hafen von Aigues-Mortes war übrigens nicht lange in Gebrauch (Becherelle Ainé, Grand Dictionnaire de Géographie 1855; weniger ausführlich Vivien de Saint-Martin, Dictionnaire).

ich, dass der König Florus zeitlich nach dem Veilchenroman anzusetzen ist.

Der König Florus enthält eine Vorgeschichte des Heldenpaars; von einer Vorgeschichte finden sich im Grafen von Poitiers nur Fragmente, im Veilchenromane so gut wie keine Spuren. Da nun die hier gebotene Vorgeschichte ein vortreffliches Licht auf die Intrigue des Grafen von Poltiers wirft, so ist es klar, dass der Verfasser des König Florus nach einer Erzählung gearbeitet haben muss, auf welche der etwa hundert Jahre ältere Graf von Portiers seinerseits zurückgeht.[1]) Auf alle Fälle haben wir im König Florus ein selbständiges Glied in der Reihe der Redaktionen unserer Sage vor uns.

In dieser Novelle entdeckt der Verräther bei einem Ueberfall im Bade das Muttermal (une noire take S. 25). Die ganze Scene, sowie die Einführung des Muttermals erinnert in keiner Beziehung an den Veilchenroman. Dem unbekannten Dichter gebührt unter allen Bearbeitern unserer Sage das Lob, dass er trotz des Muttermals die gegenseitige Achtung der beiden Gatten vor einander zu wahren gewusst hat. Der Gatte wird erst durch den Verräther über das Vorhandensein dieses Mals unterrichtet.

Eine äusserst geschickte Veränderung der muthmasslichen Vorlage tritt uns auch hier entgegen. In den Romanen beabsichtigt der Gatte in eigener Person die Todesstrafe an der schuldigen Frau zu vollziehen; nur durch die Dazwischenkunft eines Ungeheuers (Löwe oder Schlange) wird er daran verhindert. Diese Episode war unglaublich unwahrscheinlich, trotzdem wird sie aus der uns unbekannten Originalerzählung stammen, denn fast alle späteren Bearbeiter haben sich mit ihr abgequält. Durch eine einfache Wendung entfernte der Ver-

---

[1]) Zwischenglieder, deren Existenz ich zugebe, lasse ich vorläufig bei Seite.

fasser des Königs Florus diese ganze Episode. Als der Gatte von der angeblichen Schuld seiner Frau sich überzeugt hat, reitet er ohne ein Wort zu verlieren von Hause fort.¹) Die Frau, welche den Grund seiner plötzlichen Abreise erfahren hat (S. 28 vergl. mit S. 59), folgt ihm als Knappe verkleidet und führt schliesslich die Entlarvung des Verräthers herbei, was ihr besonders dadurch gelingt, dass der von seinem Gewissen und seinem Kaplan geängstigte Verräther seine Schuld reumüthig eingesteht (S. 42).

Diese Darstellung beeinträchtigt den praktisch-pädagogischen Gehalt der Sage in keiner Weise; im Gegentheil, trotzdem die Frau Mannskleider anlegt, bleibt sie echt weiblich. So verkleidet wird sie die treue Gefährtin des bethörten Gatten und erwirbt sich durch Hülfsleistungen aller Art die Achtung und Liebe desselben. Ihre Rolle erinnert an die der „Gräfin v. Roussillon."

B. Zwei italienische Novellen.

Wir betrachten hier die bereits von Grässe bezeichnete, aber selbst noch von Landau (l. c. S. 141) kurz ab-

---

¹) Das war ein äusserst glücklicher Griff, denn schon die in der Vorlage vorausgesetzte Jurisdiktion des Gatten über die Frau (cf. Weinhold, Altnordisches Leben 1856 S. 250) war bereits längst antiquiert; ganz zu schweigen von dem Löwen des Grafen von Poitiers, oder der Schlange des Veilchenromans. Im XIII. Jahrh. hatte der Mann nur noch das Recht seine Frau zu schlagen „il loist bien à l'homme battre sa feme, sans mort et sans mehaing, quant ele le meffet." Dazu vgl. Bartsch, Romanzen und Pastourellen I, 9. 23. 26. 45. 57. 60. 67. 68. etc. (cf. P. Viollet, Précis de l'histoire du droit français 1886 S. 418 f.) Der Graf von Poitiers versucht sein Vorhaben zu rechtfertigen (C. d. P. v. 507 f.). Im allgemeinen begnügte man sich wohl mit einer entehrenden Ausstellung der gefallenen Frau (Tacitus, Germania XIX.); auf eine solche Ausstellung wird offenbar im Veilchenroman v. 601 f. angespielt. In der novellistischen Bearbeitung der Schicksale der Gräfin von Ponthieu (bei Méon, N. R. I. wieder herausgegeben in Nouvelles françoises) ist es der Vater der geschändeten Frau, der sie bostraft. Dieser Geschichte liegt möglicher Weise etwas Thatsächliches zu Grunde. cf. L'Art XII, 328 f.

gethane Novelle eines anonymen Italieners[1]) und die Novelle Boccaccios, Dec. II, 9. Letztere ist nun gewiss keine Originalerzählung; jedoch ist sie nicht wie Michel, Landau u. a. annehmen nach unseren Romanen gearbeitet, sondern allein nach der erst genannten anonymen Novelle. Letzteres hat bereits ihr erster Herausgeber Lami richtig erkannt; es sei mir gestattet, sein Urtheil etwas eingehender zu begründen.

In beiden Erzählungen ist der Schauplatz derselbe: Paris, Genua und der Orient; in beiden sind die Hauptpersonen italienische Bürger; in beiden wird der Beweis des angeblichen Ehebruchs durch den gleichen Betrug geführt; in beiden verkleidet sich die verrathene Frau als Mann; kurz beide Erzählungen sind bis in die kleinsten Details hinein fast identisch. Ein gegenseitiges Abhängigkeitsverhältnis ist also von vornherein zuzugeben; und zwar ein solches Abhängigkeitsverhältnis, dass nur der eine der beiden Erzähler nach einer dritten Redaktion bezw. nach der Originalvorlage gearbeitet haben kann. Dies Dilemma hat Landau ganz richtig angegeben (S. 142).

Auch hier werden wir wie bei der Untersuchung des Veilchenromans und des Grafen von Poitiers nicht von den beinahe wörtlich übereinstimmenden Stellen, sondern von den sachlichen Differenzen der Erzählungen ausgehen. Jene können, wie gesagt, über die Priorität niemals entscheiden. Man könnte z. B. die Kofferscene bei Boccaccio sehr wohl als eine Verkürzung oder gar Verstümmlung der viel anschaulicheren Darstellung des unbekannten Erzählers hinstellen; aber man würde vielleicht mit dem gleichen Rechte behaupten können, dass Boccaccio, als Erfinder, diese Scene nur flüchtig angedeutet, während der Anonymus, schon um seine Vorlage zu übertreffen,

---

[1]) Dank der ausführlichen Angabe bei Zambrini: Le opere volgari ' Bologna 1878 habe ich sie auffinden können. Ich zitiere sie nach dem Abdrucke im Appendice all' illustrazione istorica del Boccaccio scritta da D. M. Manni, Milano 1820 (enthaltend 5 Briefe von Lami). Den Text Boccaccios gebe ich nach der Ausgabe Moutier, Firenze 1827 f.

dieselbe mit grösserer Sorgfalt ausgemalt hätte. Für beide Vorgänge liessen sich ja Analoga aus der Litteraturgeschichte beibringen!

Die einzige, wirklich sachliche Abweichung findet sich in der Scene, welche auf die betrügerisch gewonnene Wette folgt. Der Anonymus lässt nämlich den hintergangenen Ehemann sofort nach Hause (Genua) aufbrechen. Dort angelangt schickt er seine Frau schleunigst auf ein vor den Thoren Genuas gelegenes Landgut; er selbst folgt ihr auf dem Fusse und übergiebt sie nach Vorhaltung ihres Verrathes einem Diener, der sie im Meere ertränken soll (S. 45—46). Bei Boccaccio dagegen reist zwar der Gatte auch sofort nach der Heimath ab, kehrt jedoch ungefähr 20 Meilen vor Genüa auf seinem Landgute ein und schickt von dort aus einen Diener an seine Frau mit dem Auftrage ab, sie aus der Stadt zu führen und an irgend einem schicklichen Orte zu tödten (B. S. 246).[1]

Es braucht kaum gesagt zu werden, dass Boccaccios Darstellung nicht blos psychologisch ansprechender ist als die des Anonymus, — der betrogene Gatte musste ein Wiedersehen mit der einst geliebten Frau als zu schmerzlich zu vermeiden suchen —; sie ist auch einfacher, da wir auf kürzerem Wege zu demselben Resultat gelangen: Auslieferung der schuldig geglaubten Frau an den Diener. Allein der kürzere Weg ist nicht immer der ursprüngliche. So auch hier. Wir wissen nämlich

---

[1] Dieser Diener, der die Angeklagte tödten soll, sie aber schliesslich ungefährdet entlässt, ist augenscheinlich den bekannteren Sagen, Bertha, Kaiserin v. Rom, Manekine etc., entlehnt. Er bildet bekanntlich ein stehendes Requisit in den Geschichten von der verfolgten Frau. Da die besondere Form unserer Erzählung n. m. A. eine Art von Kunstprodukt ist, insofern schon ihrem ersten Verfasser bewusst oder unbewusst die genannten Stoffe vorschwebten, so kann eine solche Entlehnung, oder ein solcher Uebergang der einen Erzählung in die andere nicht auffallen. Auch den späteren Redaktoren unserer Sage waren ja jene Stoffe äusserst geläufig; änderten sie also etwas an der überlieferten Erzählung, so fielen sie nothwendig in das allbekannte Geleise zurück.

aus den Romanen, dass in der älteren Sagengestalt gerade die Konfrontation der Frau mit dem Verräther und ihre unmittelbare Auslieferung an den Gatten zwei integrierende Bestandtheile ausmachten. Ein Bearbeiter, der wie der namenlose Italiener das Muttermal aufnahm, konnte wohl konsequenterweise die Konfrontation mit dem Verräther als nunmehr unnöthig auslassen, aber trotzdem die persönliche Auseinandersetzung der beiden Gatten beibehalten, weil ja die Frau die Beweiskraft des Muttermales niemals abzuschwächen vermochte. Aus Boccaccio war, wie gezeigt, dieser Akt der Auseinandersetzung, das Rudiment einer älteren Gestalt, nicht zu entlehnen, wohl aber konnte Boccaccio ihn seinerseits sehr leicht überspringen. Demnach schliesse ich, dass nur der unbekannte Verfasser nach einer Quelle gearbeitet hat, die möglicherweise beide Punkte noch enthielt: Die Konfrontation und den Versuch des Gatten seine Frau für ihren Treubruch eigenhändig zu bestrafen.[1]

Boccaccios Arbeit ist also im eigentlichen Sinne keine selbständige, aber er hat unstreitig das Verdienst, zuerst mit klaren Worten und mit vollem Bewusstsein die ethische Bedeutung des hier behandelten Problems auseinandergesetzt zu haben. In dieser Beziehung ist der Wortwechsel zwischen Bernabo Lomellin und Ambrogiuolo, welcher der Wette vorausgeht, ein wahres Meisterstück. Der ältere Italiener hat nichts dem Ähnliches aufzuweisen. Aber in der rein sachlichen Darstellung ist die Ueberlegenheit nicht immer auf Seiten Boccaccios! Gerade die von dem letzteren vorgenommene Verkürzung oder schein-

---

[1] Andere kleine Züge bestätigen dies Resultat; z. B. findet in der anonymen Novelle die Wette statt in einer Gesellschaft, welche sich in Folge eines Festes zu Paris zusammengefunden hat (in den Romanen ein Hoffest). Bei Boccaccio dagegen, der offenbar die ältere mehr aristokratische Gestalt der Sage gar nicht kannte, also auch die ursprüngliche Bedeutung dieses Festes nicht wissen konnte, begegnen sich die wettenden Kaufleute auf ihrer Geschäftsreise zufällig (qual per una bisogna e qual per un 'altro) in einem Pariser Wirthshause.

bare Verbesserung seiner Vorlage ist für die Einheit der Erzählung verderblich geworden.

Durch jene Auseinandersetzung mit dem Gatten erfährt bei dem Anonymus die Frau wenigstens, weswegen sie mit dem Tode bedroht wird. Sie weiss daher sofort, als sie später auf dem Markte die ihr entwendeten Gegenstände bemerkt,[1]) dass der Besitzer derselben zugleich der Vernichter ihres ehelichen Glückes ist. Zudem ist derselbe auch gar nicht blöde; er erzählt ruhig dem ihm unbekannten Manne — auch hier hat die Frau Mannskleider angelegt — den ganzen Hergang; sagt doch ein jeder, der diese Geschichte hört, „che l'era delle belle novelle del mondo" (S. 48 l. Z.). Bei Boccaccio dagegen wird der Frau gar nicht gesagt, weswegen sie getödtet werden soll. Denn selbstverständlich hatte der Herr keine Ursache seinem Diener Rechenschaft über den Befehl abzulegen: Madonna, disse il famigliare, me non avete offeso d'alcuna cosa: ma di che voi offeso abbiate il vostro marito io nol so.... (B. S. 245). Die Frau läuft also in die weite Welt hinaus ohne jeden Zweck und bestimmtes Ziel, es sei denn, dass sie aus der gefährlichen Nähe ihres Gatten möglichst schnell zu gelangen sucht. Als sie später ihre Sachen auf dem Markt ausgestellt findet, würde sie den Verrath nicht entdeckt haben, — sie wusste ja nicht, dass und auf welche Weise ihr diese Sachen entwendet waren — wenn nicht Ambrogiuolo mit seinem galanten Abenteuer geprahlt hätte. Boccaccio hat also in der That durch das Ueberspringen jener Auseinandersetzung die vorgefundene Einheit der Handlung zerrissen; eine Einheit, welche selbst Girbert seinen Abenteuern zum Trotz zu bewahren gewusst hatte.

Auch in Bezug auf die innere Wahrscheinlichkeit lässt die Novelle Boccaccios manchmal zu wünschen übrig.

---

[1]) Trotz der Aufnahme des Muttermals wirkte die ältere Darstellung (Graf von Poitiers) noch fort, so dass der Verräther nunmehr im Besitz von Zeugnissen doppelter Art war: der Kenntnis des Males und der geraubten Kleinodien.

Die verrathene, als Mann verkleidete Frau besichtigt den Markt von Akko; als sie den Standplatz der Venezianer mustert, bemerkt sie „tra altre gioie una borsa et una cintura" (S. 248.). Auf ihre Erkundigung, wer der Besitzer dieser Gegenstände sei, meldet sich Ambrogiuolo, der ihr lachend sagt: „Messere, le cose son mie, e non le vendo etc." (S. 248). Wozu sind die Sachen ausgelegt, wenn sie nicht verkauft werden sollen, fragen wir uns! Ferner welch ungewöhnlicher Scharfblick, dass die Frau auf der sicher reichen und reichhaltigen Ausstellung der venezianischen Kaufleute sofort ihre Sachen wieder erkennt! Ein Blick in die Novelle des Anonymus löst uns das Räthsel: der Verräther hatte nämlich die einst geraubten Sachen bei seinem Stande als — Aushängeschild (S. 48, 16) angebracht.

Dies mag genügen; Boccaccio hat also thatsächlich seinen anonymen Vorläufer nicht in allen Punkten geschlagen. Hat nun der letztere unsere Romane oder etwa König Florus gekannt?

Der Zeit nach könnte diese italienische Novelle[1]) sehr wohl von den französischen Darstellungen abhängig sein. Wenigstens glaube ich aus dem Namen des Beherrschers des Sarazenenlandes: il Grande Cane (S. 47, 19), schliessen zu dürfen, dass diese Novelle frühstens in der zweiten Hälfte des XIII. Jahrhunderts entstanden sein kann. Denn dies turanische Wort in Verbindung mit dem charakteristischen Adjektiv scheint nicht vor den Mongolen-Einfällen des XIII. Jahrhunderts Bürgerrecht im Occident erhalten zu haben (cf. Ducange s. v. Caganus).

Sachlich dagegen lässt sich eine Bekanntschaft oder gar Benutzung der Romane von Seiten des Anonymus nicht nachweisen. Kennt er doch nicht das Eigenthümliche der Romane! ich meine die sofortige Entdeckung des Verraths durch den getäuschten Gatten und die infolge-

---

[1]) Boccaccios Novelle lassen wir als völlig unselbständige Arbeit bei Seite; sie wurde später von Sansovino abgeschrieben l. c. III, 3 p. 106 ff.

dessen prädominierende Rolle des Mannes. Bei ihm ist vielmehr das Weib die Hauptträgerin der Handlung; sie allein entlarvt den Verräther; sie allein überzeugt den Gatten von ihrer Schuldlosigkeit. Der letztere tritt sogar nach Bestrafung der Frau völlig von der Bühne ab, und mit Recht! Er hält ja seine Frau für aus der Welt geschafft. Nur ein Punkt könnte allenfalls für eine Bekanntschaft des Italieners mit dem Grafen von Poitiers sprechen; auch er lässt die Erzählung — ohne jede Vorgeschichte — sogleich mit der Wette und zwar in Paris beginnen. Indessen kann dies ein zufälliges Zusammentreffen beider Dichter sein;[1]) die Vorgeschichte musste der Anonymus schon deshalb fortlassen, weil er die ursprünglichen Edelmänner der Sage in italienische Bürger verwandelt hatte, damit aber hatte die Vorgeschichte ihre Bedeutung eingebüsst.

Die Einführung und Beschreibung des Muttermals schliesslich beim Anonymus (u. Boccaccio) hat nichts, was an den Veilchenroman erinnern könnte, wohl aber an den König Florus.[2]) Mit dem König Florus stimmt überhaupt der ganze Aufbau der italienischen Novelle überein. Trotzdem glaube ich nicht, dass der Italiener den König Florus gekannt hat. Denn ganz abgesehen davon, dass die Badescene in König Florus weit packender und origineller als der ziemlich abgenutzte Koffer des Italieners ist; im König Florus findet sich keine Spur mehr von der persönlichen Auseinandersetzung der beiden Gatten und der beabsichtigten Todesstrafe. Da gerade diese Stücke, wie gezeigt, der älteren Tradition angehörten, so vermuthe ich, dass die Vorlage des Italieners älter und

---

[1]) In der mir nicht zugänglichen Redaktion: „Cantare di Madonna Elena Imperatrice," die viel Alterthümliches enthält, ist Paris ebenfalls der Ort, wo die Wette stattfindet (cf. Liebrecht, Literaturblatt für germanische und romanische Philologie 1881. S. 110 f.).

[2]) Vom Verräther heisst es „vide che sotto la poppa ritta ella aveva un neo" (S. 43, 16). Boccaccio l. c. S. 244: tua mogliere ha sotto la sinistra poppa un neo ben grandicello etc.

mithin ursprünglicher als die Darstellung des Königs Florus gewesen ist. Es ist m. A. n. nicht blos möglich, sondern sogar höchst wahrscheinlich, dass der Verfasser des König Florus und der Italiener nach ein und derselben Vorlage gearbeitet haben, welche beide mit verschiedenem Geschick — der Ueberlegenere ist der Franzose — in eine zeitgenössische Geschichte zu verwandeln sich bemüht haben.

C. Das Mirakel.

Die letzte mir bekannte romanische Bearbeitung unserer Sage, die hier betrachtet werden muss, ist das Miracle de Oton, Roy d'Espaigne (in der von G. Paris und U. Robert herausgegebenen Sammlung Nr. 28).

Die Abfassungszeit der 40 Miracles de Nostre Dame scheint mir von Magnin (Journal des Savants 1847) im ganzen zutreffend bestimmt zu sein; er verlegt sie nämlich in die Jahre 1345—80 (S. 50). Vielleicht darf man in Anbetracht der furchtbaren Wirren während der ersten Regierungsjahre der Valois die von Magnin vorgeschlagene Abfassungszeit noch etwas mehr zusammenziehen. Wenigstens will es mir scheinen, dass in den Jahren 1345—64 die Lust zum friedlichen Theaterspiel in Frankreich nicht gross gewesen sein kann.[1]) Am allerwenigsten werden Pariser Bürger während dieser schweren Zeit Musse zu einer so harmlosen Unterhaltung gefunden haben. In

---

[1]) Die franz. Heere waren bei Crécy und Poitiers geschlagen; die irregulären Banden der Engländer und Navarresen unter Robert Knoll und Genossen verwüsteten das Land; in Paris brach ein Aufstand aus; die aufständigen Bauern stürzten sich „comme chiens esragiés" (Froissart ed. Kervyn de Lettenhove VI, 45) auf den Adel; endlich hatte 1347 der schwarze Tod, 1361 die Pest Frankreich durchzogen. Damals hiess es „que li royaummes de Franche seroit essiliés et gastés par touttes ses parties et régions", denn Propheten wie Jehan de Rochetaillade fanden Gehör (Froissart l. c. S. 262).

Paris aber sind, was Schnell¹) ziemlich wahrscheinlich gemacht hat, diese Stücke abgefasst.

Dagegen fallen alle Bedenken fort, wenn wir die Abfassung dieser Bühnenwerke unter Karl V. (1364--80) verlegen. Irgend ein sachlicher Grund zu einer früheren Datierung ist auch, soweit ich sehe, nicht vorgebracht worden. Im Gegentheil, die Erwähnung des Louvre (Magnin S. 49, Schnell II, 15) einerseits als Staatsgefängnis, andererseits als Wohnung des Königs deutet darauf hin, dass die Mirakel zu einer Zeit geschrieben wurden, in welcher der Louvre bereits königliche Residenz geworden war — also unter Karl V. —, und in welcher man noch die frühere Bedeutung des Louvre-Thurmes in Erinnerung hatte.²) Ueber das Jahr 1380 wird man nicht hinauszugehen brauchen, denn die von Schnell (I, 44 f.) angeführten Züge lassen sich als Erinnerungen an den Bauernaufstand und die Unruhen in Paris unter Johann d. G. auffassen. Für diese Deutung spricht sogar die auch von Schnell zugegebene loyale Haltung jener Stücke; „loyal" aber waren die Bürger von Paris — schon im Mittelalter — nur unter einer energischen und relativ glücklichen Regierung.

Was mich aber besonders bestimmt mit der Abfassung der Mirakel nicht über die ersten achtziger Jahre des XIV. Jahrhundert hinauszugehen, ist, dass ich weder

---

¹) Schnell, Ueber den Abfassungsort der Miracles de Nostre Dame, Marburg. A. u. A. Nr. LII, im weitern Verlauf von mir als Schnell II zitiert, dagegen als Schnell I seine Untersuchung über den Verfasser der Miracles A. u. A. Nr. XXXIII. Le Roy (Études sur les Mystères 1837 S. 46) hatte ohne stichhalt'gen Grund angenommen, die Mirakel stammten aus verschiedenen Gegenden.

²) Was Schnell II, 17 vorbringt, um mehrere Verfasser aus der verschiedenen Bedeutung des Louvre zu konstruieren, scheint mir mit den Thatsachen nicht vereinbar. Der Louvre war nicht bloss Festung, sondern ein befestigstes königliches Schloss; das Staatsgefängniss befand sich (wie im Mirakel angegeben) in dem von Philipp August erbauten „Neuen Thurm" cf. Géraud, Paris sous Philippe-le-Bel 1837. S. 367 u. p. VI.

in den von mir gelesenen Prosa-Predigten noch in den eigentlich dramatischen Theilen eine bestimmte Erwähnung der unbefleckten Empfängnis Marias gefunden habe.[1])

Nun scheint mir aber aus anderen Gründen die Betheiligung der Franziskaner, bezw. der kirchlich-liberalen Partei, an der Abfassung dieser Bühnenwerke nicht ganz ausgeschlossen zu sein. Wenn demnach ihr Lieblingsdogma hier nicht erwähnt wird, so, glaube ich, liegt das daran, dass diese Stücke noch vor 1387 abgefasst wurden, denn erst in diesem Jahre erklärte die Universität von Paris die unbefleckte Empfängnis Marias für eine „sententia probabilis".[2])

Voigts Vergleichung einiger Mirakel mit ihren epischen Vorlagen hat gezeigt, dass ihr Verfasser den Verlauf

---

[1]) Auch Schnell I erwähnt davon nichts; jedoch kann ihm dieser wichtige Punkt entschlüpft sein, weil er ohne jede Vorbereitung seine Arbeit unternommen und ausgeführt hat. So kennt er z. B. nicht einmal W. Grimms Einleitung zu der „goldenen Schmiede". In der naiven Voraussetzung, im Mittelalter habe jeder Dichter seine besondere Dogmatik gehabt, konstruiert er 27 Nüancirungen des Mariendogmas, und schliesst daraus, dass mindestens 27 Verfasser an den Mirakeln gearbeitet hätten, „von denen vielleicht einige der zuletzt besprochenen zusammenfallen" (S. 73). Hätte er jene Abhandlung von Grimm gelesen, oder gar die Summa des grossen Thomas (IIIa Q. XXV f.) nachgeschlagen, so würde er vielleicht erkannt haben, dass das Fundament seiner Untersuchung ein falsches ist, und dass somit alle seine 27 Autoren „zusammenfallen". Dagegen hat bereits Magnin (S. 44) und nach ihm L. Voigt in seiner trefflichen Abhandlung: Die Mirakel der pariser Handschrift 819. Grimma 1883. S. 2. die nach m. A. richtige Vermuthung ausgesprochen, dass die Mirakel von einem, oder höchstens von einigen wenigen Verfassern herrühren. Aehnlich Petit de Julleville, Les Mystères I, 121, der übrigens trotz seines Skeptizismus in Bezug auf die nähere Bestimmung der Abfassungszeit und des Abfassungsorts (p. 124—125) ein Detail anführt, das uns in die Zeit vor 1397 versetzt (p. 167).

[2]) Gieseler, Lehrbuch der Kirchengeschichte II § 78. Anm. 19. Das Mariendogma wurde besonders von der liberalen Reformpartei begünstigt cf. den Beschluss des Baseler Conzils Gieseler l. c. II § 145. Anm. q. (S. 337).

des älteren Epos im ganzen getreu, wenngleich „sprungweis" (S. 46) wiedergiebt. Mit diesem günstigen Vorurtheil dürfen wir also auch an unser Mirakel Nr. 28 herantreten. Freilich fehlt uns vorläufig noch die direkte Vorlage dieses Mirakels — denn dass unsere Romane vom Verfasser nicht benutzt sein können, hat Voigt (S. 47) bereits richtig erkannt —, indessen bieten uns die übrigen Redaktionen unserer Sage soviel Material, dass wir über den Werth, ja selbst über das Alter der vermuthlichen Vorlage dieses Stückes schon jetzt urtheilen dürfen.

Das Mirakel bringt zunächst eine Vorgeschichte des Heldenpaars, die im wesentlichen mit der des König Florus übereinstimmt, aber allem Anschein nach viel alterthümlicher ist.

Der Held des Mirakels, Otto, ist der Neffe und treuste Lehnsmann des Kaisers Lothar (v. 1 f.)[1]; durch die Gunst seines Onkels und Herren hat er die Hand der Erbin von Spanien erhalten. Sein Nebenbuhler Berengar ist dem Kaiser als ein wenig zuverlässiger Lehnsmann verhasst (v. 636 f.). Aber auch der Königin von Spanien, der nunmehrigen Gemahlin Ottos, ist er bereits von einer schlechten Seite her bekannt[2] (v. 746 f.).

Wie in Macaire und den verwandten Sagen hatte also in der Vorlage des Mirakels die eheliche Treue der Frau noch eine politische Tragweite: Berengar, ein dem nationalen Königthum feindlich gesinnter Mann, wird durch

---

[1] Der Graf von Poitiers spielt unter Pipin, doch scheint mir aus der schwankenden Bezeichnung Pipins, der bald „König" (z. B. v. 38), bald „Kaiser" (z. B. v. 1076) genannt wird, hervorzugehen, dass in der Vorlage des Grafen v. Poitiers vielleicht nur von einem „Kaiser" schlechtweg die Rede war. Im Cantare di Madonna Elena l. c. S. 110 ist es Kaiser Karl d. G.

[2] Der Grund dieser Abneigung ist im Mirakel offenbar nur ausgelassen, dies hat Schnell I, 31 übersehen. Im Grafen von Poitiers hatte sich der Verräther bei der Dame bereits einen Korb geholt (C. d. P. v. 414 f.); ähnlich im Cantare di M. Elena.

seinen angeblichen Sieg König von Spanien.[1]) Diese Verbindung des ehelichen Konfliktes mit dem sozial[2])-politischen Element ist unserer Sage, die sich vielleicht nur durch eine Art von kasuistischer Reflexion aus dem grösseren und einfacheren Sagenkreis abgezweigt hat, wahrscheinlich von Hause aus eigenthümlich gewesen. Auch der Graf v. Poitiers enthält, wie wir gesehen haben (S. 20), noch Reste dieser ursprünglich politisch gefärbten Intrigue. Dagegen hat der Verfasser des König Florus, obgleich er eine mit dem Mirakel fast zusammenfallende Vorgeschichte bewahrte, den politischen Hintergrund bereits vollständig verwischt: bei ihm sind die hohen Feudalherren der älteren Redaktionen in einfache Ritter umgewandelt.

Beim Scheiden von seiner Frau vertraut ihr Otto ein Liebespfand an, einen jedenfalls kostbar eingefassten Knochen seines Fusses (Miracle v. 576)[3]). Als er nachher die Wette eingeht, stellt er die Bedingung, Berengar solle den Sieg über seine Frau durch Beibringung dieses Pfandes, aber auch durch Angabe des Muttermals beweisen (v. 685 f.). Beides sucht Berengar von der bestochenen Dienerin zu erhalten (v. 801 f.). Die Kenntnis des Muttermals erlaubt ihm, sich der letzten Gunst der Dame rühmen zu dürfen (v. 940 f.). Ist es nun nicht merkwürdig, dass wir an keiner Stelle des Mirakels erfahren, welcherlei Art

---

[1]) Der Kaiser Lothar des Mirakels soll wohl der Sohn Ludwigs des Frommen sein, ist aber mit Lothar von Frankreich (954—986) verwechselt, daher ist ihm der Kaiser Otto und dessen Feind Berengar beigesellt. Auch der Name des Königs v. Spanien, Alfons, verräth eine vage historische Kenntnis.

[2]) Die soziale Bedeutung einer rechtmässigen Ehe wird von Adenet betont (Bertha); die aus der Verbindung mit der Magd hervorgegangenen Kinder sind naturgemäss Bedrücker der armen Leute (v. 3464 f.).

[3]) Cf. v. 623 f. 801. 890. 904. In einer Zeit, wo man Heiligenknochen in Säbelgriffen etc. trug, war dies Geschenk nicht weiter auffällig. Im Grafen von Poitiers spielt der Ehering die gleiche Rolle. Auch im Veilchenroman hatte die Heldin einen Ring erhalten, der jedoch, weil sie unverheirathet war, nicht grosse Bedeutung hatte (R. d. l. V. v. 3910).

das Muttermal eigentlich war?[1]) Etwaige Prüderie liegt gar nicht in der Art dieser flott gearbeiteten und kräftigderben Volksstücke. In ihnen werden die natürlichsten Dinge auf die natürlichste Weise vorgetragen.[2]) Wenn hier also eine nähere Angabe über das Muttermal fehlt, so schliesse ich, dass dies schon in der Vorlage der Fall war. Daraus würde sich dann weiter folgern lassen, dass diese Vorlage vielleicht wie der Graf v. Poitiers noch den Hauptnachdruck auf Herbeischaffung des Unterpfandes legte, aber bereits ein freilich noch unbestimmt und unklar gelassenes Muttermal aufgenommen hatte[3]). +Erst die späteren Bearbeiter der Legende haben dann die durchschlagende Beweiskraft dieses Males erkannt, so besonders Girbert und der Verfasser vom König Florus. Ich muss es nämlich als eine Möglichkeit offen lassen, ob diese beiden Dichter nicht schon die Vorlage unseres Mirakels gekannt haben.[4]) +

Eine solche Bekanntschaft wäre nicht unmöglich, da die Vorlage des Mirakels sehr alt, ja selbst älter als der Veilchenroman gewesen zu sein scheint. Die Stellung der

---

[1]) Die Verse 910 [La damoiselle] Après, pour vous brief depeschier Ou son saing siet dire vous vueil Voire ou l'oreille et a conseil. Je vous di voir. [ci li conseille] hat Michel (Notice p. XXIII) falsch verstanden, er verlegt nämlich das Mal „in das Ohr". Dort wäre es allen Augen sichtbar gewesen, die Zofe hätte also nicht nöthig gehabt, ihre Herrin durch einen Schlaftrunk zu betäuben (v. 824 f.), um das Zeichen zu erspähen.

[2]) So werden z. B. im Miracle Nr. V die schmutzigen Details des Protevangeliums Jacobi auf die Bühne gebracht (v. 189 f.). In Nr. XXXII wird Osanne scheinbar auf der Bühne entbunden (v. 40 f.) etc.

[3]) Im Cantare di M. Elena schildert nach Liebrecht die Zofe die „verborgensten Reize" ihrer Herrin, ihre Schmucksachen, ihre Gemächer etc. (S. 111). Ein Muttermal scheint also dort noch nicht erwähnt zu sein.

[4]) Der König Florus könnte z. B. sehr gut nach dieser Vorlage gearbeitet sein, indem sein Verfasser die infolge seines Kostümwechsels nothwendigen Veränderungen vornahm. Girbert hätte dann nur das Muttermal aus dieser Paralleldarstellung zum Grafen v. Poitiers aufgenommen.

Personen des Mirakels zum Christenthum ist nämlich eine äusserst verschwommene. Offenbar hat der Verfasser des Mirakels sie absichtlich ignoriert. Soviel ist indessen gewiss, dass der König Alfons ein Bruder des Königs von Granada ist (v. 137 etc.), mit dem er zusammen mit den Königen von Tarsus, Marocco und anderen Muselmännern (v. 1412 f.) gegen Rom zieht. Da der drohende Krieg gütlich beigelegt wird, scheut sich der Kaiser Lothar nicht mit diesen Ungläubigen auf das friedlichste zu verkehren. Otto selbst war an Gott verzweifelnd zum Islam übergetreten (v. 1301 f.) und erst nachträglich zum rechten Glauben zurückgekehrt (1517 f.).[1]) Alle diese Züge verrathen eine relativ tolerante Haltung der ursprünglichen Vorlage; dieselbe wird demnach von der mächtigen katholischen Reaktion des XIII. und XIV. Jahrhunderts noch unberührt gewesen sein; eine Reaktion, von der einige Mirakel, die nach jüngeren Quellen gearbeitet sind, die deutlichsten Spuren aufweisen.

Die drei genannten Punkte: die Alterthümlichkeit der Personen und des Kostüms, die unklare Schilderung des Muttermals und schliesslich die religiöse Haltung, bestimmen mich die Vorlage des Mirakels in das XII. Jahrhundert zu verlegen. Wir besitzen also in dem Mirakel eine vom Grafen v. Poitiers unabhängige, vielleicht ihm gleichzeitige, jedenfalls nicht viel spätere Darstellung unserer Sage. Die ursprüngliche Form derselben wird vermuthlich die epische gewesen sein.

Da erhebt sich nun die Frage[2]): kann nicht schon die anonyme italienische Novelle nach der Vorlage des Mirakels

---

[1]) Dies erinnert an den „Grafen Rudolf": Scherer, Geschichte der deutschen Litteratur [3] S. 97. Dass wirklich die „Kreuzfahrer" namentlich die Normannen, tolerant oder wenigstens bisweilen sehr weitherzig waren, ist aus Dozy (Recherches ... sur l'Espagne [3] z. B. II, 332 f.) zu ersehen.

[2]) Die umgekehrte Fragestellung ist nach dem obigen ausgeschlossen. Der Dichter der Mirakel bevorzugt entschieden bürgerliche Figuren; er würde also die Kaufleute nicht wieder zu Rittern gemacht

verfasst sein? Wirklich lassen sich einige Züge anführen,
die für eine derartige Benutzung sprechen. — Die Umwandlung der Ritter in italienische Kaufleute würde natürlich
auf Rechnung des Italieners zu setzen sein. — Die Rolle der
Frau: ihre Verkleidung als Mann, ihre Flucht nach einem
Lande der Muselmänner, ihr thatkräftiges und entscheidendes Eingreifen in die Handlung, ist in beiden Darstellungen übereinstimmend wiedergegeben.

Ausser in diesen allgemeinen Umrissen begegnen wir
aber auch in der näheren Ausführung fast wörtlichen
Uebereinstimmungen. In den Details bietet sogar der
sonst so abweichende König Florus Anklänge, welche
bald an das Mirakel, bald an den Anonymus erinnern.
Letzteres kann nicht überraschen, da ich bereits angedeutet habe (S. 40), dass der Verfasser des König Florus
wahrscheinlich die gleiche Vorlage wie der Anonymus
benutzt hat. Die Richtigkeit dieser Vermuthung
vorausgesetzt würden alle drei: der König Florus, der
Anonymus und das Mirakel, auf die gleiche (epische?)
Vorlage zurückgehen.

In allen drei Redaktionen erscheint die Frau als
Knappe verkleidet, welcher sich hauptsächlich durch seine
Geschicklichkeit im Servieren (im K. Florus noch durch
die kunstvolle Bereitung des „pain françois") die Achtung
und Liebe seines Herren erwirbt. Voller Bewunderung
fragt diesen der Herrscher des Sarazenenlandes, wer der
schöne Jüngling sei (Anonymus S. 47, 29), und verlangt,
dass ihm der Knappe abgetreten werde. Später vertraut
er ihm sogar die Verwaltung einer Stadt an (A. S. 48, 10).
Ganz ähnlich verläuft die Schilderung des Mirakels.
Als die arabischen Fürsten zusammenkommen, erkundigt
sich der eine sofort nach dem Namen des geschickten

---

haben. Auch der Zweikampf etc. des Mirakels stammt aus einer älteren
Zeit; zur Zeit der Mirakel war ein ordentliches Gerichtsverfahren gebräuchlich wie Nr. XXVI zeigt. Der Ortsvorsteher untersucht den
Thatbestand (v. 669 f.) und sperrt die Verdächtigen — separiert! — ein
(v. 689 f.).

Knappen (v. 1273), und bald erfolgt auch hier seine Erhebung zu einer höheren Würde (v. 1365)[1]).

Nachdem die Frau (beim Anonymus und im König Florus) aus dem eigenen Munde des Verräthers die näheren Umstände des ihrem Gatten gespielten Betruges erfahren hat, eilt sie nach Hause, um den letzten Schlag zur Wiederherstellung ihrer Ehre zu führen. Dort angelangt fordert sie selbst (noch in Mannskleidern) den Verräther zum Zweikampf heraus (R. Flore S. 47. Miracle v. 1714 f.)[2]), den jedoch der anwesende Gatte übernimmt. Der Anonymus musste diesen Zweikampf fallen lassen, da seine Helden einfache Bürger sind; trotzdem giebt er die Erkennungsscene fast mit denselben Worten wie das Mirakel. Erst nach der Entlarvung des Verräthers offenbart sich nämlich die noch immer als Mann verkleidete Frau:

Miracle v. 1696. Tenez, regardez ma poitrine
G'y ay mamelle conme fame.

Anonymus S. 50, 24. El detto Maliscalco si spogliò ignudato, e mostrò com' ella era femina.

Selbstverständlich sind die Beziehungen zwischen dem Mirakel und dem Anonymus mannigfaltigere als etwa die zwischen dem Mirakel und König Florus, dessen Verfasser zu einschneidende Veränderungen mit dem Stoffe vorgenommen hat. Allein auch der Verfasser des Mirakels scheint sich, schon um abkürzen zu können, Eingriffe in die überlieferte Intrigue erlaubt zu haben.

Aus den Romanen wissen wir, dass ein Bote abgesandt wurde, um die Frau zur Konfrontation zu rufen. Diesen Boten hat der ital. Anonymus, wie gezeigt, beibehalten; ihm wurde nachher die Frau zur Bestrafung übergeben. Die Frau liefert ihm aber nur ihre Kleider aus, damit er sie als Zeugnis ihres Todes vorweisen

---

[1]) Nach der naiven Darstellung scheinen die von seinem Servieren entzückten Könige nichts Anderes zu thun zu haben, als sich zur Tafel zu setzen; Miracle v. 1267, 1277 f. 1350, 1377 f. (ähnlich beim Anonymus).

[2]) Im Cantare d. M. Elena übernimmt die Heldin, mit Zurückweisung aller Stellvertreter, in eigener Person den Zweikampf l. c. S. 111.

kann. Zugleich ist auf diese Weise die Verkleidung der Frau sehr gut motiviert. S. 46. „Dammi i tuoi panni, e portane i mei. e dirai al tuo padrone e mio marito, che tu m'abbia morta; ed egli lo crederà, vedendo i miei panni."

Im Mirakel tritt nun dieser Bote auch auf, allein hier ist der Bote ein freiwilliger, ein Bürger von Burgos, der seiner Fürstin die Wette, ihren Ausgang und die Ankunft des rachedürstigen Gatten meldet (v. 982 f.). So kann die Frau, rechtzeitig gewarnt, an ihre Rettung denken. Wäre es nun sicher, dass diese Scene bereits in der älteren Vorlage so gestaltet war, so müsste die Darstellung des Italieners als ein Rückschritt betrachtet werden. Indessen scheint mir die Einführung dieses loyalen Bürgers[1]) eine eigene, nicht ungeschickte Zuthat des Verfassers unseres Mirakels zu sein, der seine Vorlage damit gleichzeitig abkürzen wollte. Die Anlegung der Manneskleider von Seiten der Frau bleibt bei ihm unmotiviert; besonders aber ist es auffällig, dass die Frau auch hier den Boten durch eines ihrer Kleider (v. 1030. Donnez li une de mes robes Toute enterine) belohnt. Deutlicher, meine ich, kann uns nicht verrathen werden, dass dies an den Boten bzw. Diener ausgelieferte Kleid auch in der Vorlage des Mirakels sich befand, und dass die Scene ursprünglich in der Weise des alten Italieners dargestellt war.

Jeder noch so wahrscheinliche Rückschluss bleibt jedoch immer eine Vermuthung; daher müssen wir uns hier mit der blossen Möglichkeit begnügen, dass der Italiener vielleicht die Vorlage unseres Mirakels schon gekannt und nur umgearbeitet hat. Und das gleiche „vielleicht" gilt in noch höherem Masse von dem Verfasser des König Florus.

---

[1]) Die Verfasser der Mirakel lieben, Bürger, besonders loyale Bürger, in ihren Stücken auftreten zu lassen. So vertraut der König von Spanien in unserem Mirakel die Vertheidigung der Stadt und seiner Tochter Bürgern an, welche er sogar dem Namen nach kennt (M. v. 150 f.).

IV.
Rekonstruktion der Sage.

Bevor wir diese Wiederherstellung unternehmen, vergegenwärtigen wir uns das bisherige Resultat unserer kritischen Untersuchung. Die verschiedenen Redaktionen unserer Sage lassen sich auf zwei Vorbilder zurückführen, von denen wir das eine im Grafen von Poitiers und dem von ihm durchweg abhängigen Veilchenroman finden; das andere dagegen haben wir höchst wahrscheinlich im Mirakel vor uns. Jedoch muss das Schauspiel aus den vielleicht sekundären Erzählungen vom König Florus und den italienischen Kaufleuten des Anonymus (Boccaccio) ergänzt werden. Unter Beiseitelassung der sicher vorhandenen, mir aber unbekannt gebliebenen Zwischenglieder beabsichtige ich also die Originalerzählung, aus welcher diese beiden Haupterzählungen sowie ihre direkten oder indirekten Ausläufer geflossen sind, herzustellen.

Simrock (l. c. S. 276) vermuthet, dass unsere Sage ursprünglich lateinisch und zwar in Prosa verfasst gewesen sei. Dies halte ich für nicht unmöglich. Wahrscheinlich gehörte sie im weiteren Sinn [1]) zu den geistlichen No-

---

[1]) Zu den eigentlichen Marienlegenden, über welche Mussafia in den Sitzungsberichten der Wiener Akademie 1887—89 handelt, gehörte unsere Sage nicht, wohl aber die „Kaiserin von Rom." Letztere zusammen mit der Susanna-Geschichte ist ja für die ganze Erzählungsgruppe vorbildlich gewesen. Daher sehe ich in der S. 25. Anm. 4. erwähnten Episode des Veilchenromans nur eine Rückbildung zum Originaltypus.

vellen mit denen seit dem XII. Jahrhundert Kleriker und Mönche Europa überschwemmten. Wenigstens scheint das Eingreifen der Madonna[1]) in die Handlung bereits in der Urgestalt der Sage stattgefunden zu haben. Im Grafen von Poitiers hören wir, dass die Heldin eine treue Dienerin der Mutter Gottes ist (v. 543); der Verräther erklärt sich seinen Sieg durch die Machtlosigkeit der Jungfrau:

C. d. P. 824. La mere Dieu qu'el (die Heldin) servoit tant
Li a fait moult povre garant.

Diese Spur ist von hoher Bedeutung; sie gestattet die Vermuthung, dass der Verfasser des Mirakels keine eigentliche Neuerung oder Umgestaltung seiner Vorlage vornahm, als er die Madonna direkt einführte.[2]) Dazu kommt, dass auch in den übrigen Redaktionen, welche allerdings unsere Sage verweltlicht haben, ein Wunder, wie einst in der Susannageschichte, trotz aller Rationalisierungsversuche die Entscheidung herbeiführen muss. Die epische (?) Vorlage des Mirakels hatte höchst wahrscheinlich den geistlich-erbaulichen Charakter der Originalerzählung noch treuer als der Graf von Poitiers bewahrt. Mithin haben wir uns das Verhältnis dieser muthmasslichen Vorlage unseres Mirakels zu dem Original ähnlich zu denken wie das der epischen Bearbeitungen Gautiers de Coinci zu ihren novellenartigen Vorbildern. Diese epische Bearbeitung der vorauszusetzenden lateinischen Prosanovelle wurde dann

---

[1]) Der Mariendienst ist für die katholische Bewegung charakteristisch, Grimm, Goldene Schmiede p. XXII, während die akatholische („häretische") Strömung den Mariendienst mehr oder weniger schroff zurückwies, cf. Wattenbach, Ueber die Inquisition etc. Separatabdruck aus A. K. P. A. d. W. 1886 S. 54 f.

[2]) In den „Zwei Kaufmännern" von Ruprecht v. Würzburg findet sich (bei von der Hagen l. c. v. 684 f.) auch eine Spur des Eingreifens Gottes oder Marias; diese Erzählung ist übrigens aus unserer Sage und der bekannten Geschichte von der „verstümmelten Stellvertreterin" zusammengeschweisst. Dieselbe Verbindung zeigt das neugriechische Volkslied, welches die Brüder Grimm nach Bartholdy mittheilen: Altdeutsche Wälder 1815 II, 181—84.

genau so wie die Gautiers de Coinci in ein Mirakel verwandelt; z. B. Gautier 'de Coinci ed. Poquet S. 426 f. (Miracle Nr. XVI), S. 556 f. (Miracle Nr. XV) S. 231 f. (Miracle Nr. XXVI) etc.

Die Originalerzählung zeigte also, wie eine Ehefrau kraft ihrer Frömmigkeit die eheliche Treue bewahrte. Doch durfte die Versuchung nicht allzugross sein. Denn noch war das Weib dem Manne völlig untergeordnet[1]). Daher musste sie mit dem Gatten und dem Verräther mindestens ebenbürtig sein[2]); vielleicht war sie sogar dem Range nach höher stehend als ihr Gemahl[3]); im letzteren Falle würde ihr Widerstand gegen den Versucher — als

---

[1]) So setzen die mittelalterlichen Dichter die Liebe der Frau stets ohne weiteres voraus. Erst die moderne Zeit kennt das bald glückliche, bald vergebliche Werben des Gatten um die Liebe seiner Frau; diese findet sich z. B. in der Princesse de Clèves von M. de la Fayette, jene besonders bei den Tagesschriftstellern z. B. Ohnet, Le maître de forges, Zola, Nantas etc. Doch ruft der Klassengeist eine, wenngleich modifizierte, Annäherung an die mittelalterliche Auffassung noch heute hervor z. B. Voltaire, Nanine; Augier, Le gendre de M. Poirier etc.

[2]) In der Erzählung Ruprechts v. Würzburg wird dies geradezu ausgesprochen (l. c. S. 360): Min tohter sol nemen einen mann, der ir wol sî genôzsam.

[3]) Im Mirakel ist sie die Erbin von Spanien. In dem Cantare di M. Elena (l. c. S. 110) ist sie Herrin der Stadt „Gironda". Im König Florus ist sie eine reiche Erbin, während ihr Gatte, ähnlich wie in Jean et Blonde v. Philippe de Remi, nur ein armer Ritter ist, welcher von seinem Solde und den Turnierpreisen lebt. (Ueber diese Turnierpreise R. d. l. Violete v. 3830 f. 6062 f. Vair Palefroy, Barb. u. M. I v. 320 „vit de proie". Florance et Blanche Flor, Barb. u. M. IV. v. 123 f. Guillaume au Faucon v. 380 f. etc.) Bei einer unebenbürtigen Frau hätte der Versucher nach damaliger Anschauung vielleicht keinen oder nur geringen Widerstand finden können. Wenigstens gewinnt er im Veilchenroman die Zofe durch das Anerbieten, sie zu einer „Dame" (R. d. l. V. v. 668) zu erheben; über die scharf abgegrenzten Frauenklassen: Roman des VII. sages v. 185—216. Im Mirakel Theodore (Nr. XVIII) wird eine Frau durch das gleiche Anerbieten zum Ehebruch verleitet. Eine eigentliche Mesalliance war im Mittelalter die Ehe mit einer unebenbürtigen Frau; z. B. hatten die Capetinger (von der bekannten Verleumdung abgesehen, Dante Purg. XX, 52) den Vorwurf einer Mesalliance zu ertragen: A. Schultz l. c. I, 479 Anm. 2.

eine That freier und bewusster Selbstbestimmung — noch an moralichem Werthe gewinnen.

Ueber die Art und Weise, wie in der Urgeschichte der Verräther die Zeugnisse — denn um diese allein handelt es sich zunächst — erhalten hat, kann, glaube ich, kein Zweifel aufkommen: er hat, von der Dame abgewiesen, ihre Zofe bestochen[1], welche ihm die angeblichen Liebespfänder lieferte. Dagegen darf man wohl fragen, wie die Zofe ihrerseits in den Besitz dieser Gegenstände gelangte? Diese Frage lässt sich jedoch mit Sicherheit nicht mehr entscheiden. Möglicherweise spielte schon in der Urerzählung ein Bad eine gewisse Rolle. Im Grafen von Poitiers heisst es nämlich, die Zofe habe die Haare gestohlen: Quant ele le (die Gräfin) mena baignier (395); allein dies wird nur beiläufig erwähnt, im Mirakel und im Cantare di M. Elena fehlt sogar jede Erwähnung eines Bades. Wie dem auch sei, wahrscheinlich hat man schon frühzeitig — vielleicht im Anschluss an die Susannageschichte[2] — eine Badescene in unsere

---

[1] In der alten Erzählung wird der Verräther der Dienerin ein formelles Eheversprechen gegeben haben, so im Cantare d. M. Elena l. c. S. 111. Im Grafen von Poitiers ist dies Eheversprechen ausgelassen (S. 12—13), später erscheint sie als seine Maitresse (v. 810). Ebenso Girbert im Veilchenroman. Im Mirakel und in den übrigen Redaktionen wird nur noch von Geschenken gesprochen (v. 790 f.). In der späteren italienischen Lyrik (Giustianiani) wird den Dienstboten (Sklaven) für Gefälligkeiten ähnlicher Art die Freiheit verheissen: A. Gaspary, Italienische Literatur II, 183.

[2] Die Badescene konnte aus der Susannageschichte nicht unverändert übernommen werden, weil die Frauen im Abendland sich wohl nur in bedeckten Räumen badeten, daher bemerkt ein italienischer Uebersetzer: E secondo ch'era usanza in quello paeso d'oltremare, per lo grandissimo caldo, di bagnarsi (abgedruckt in L'Etruria 1852 S. 661). Die Geschichte von der schönen Susanna stammt aus hellenistischen, nicht aus orientalischen Kreisen, schon das Wortspiel (v. 54) spricht für ein griechisches Original. Sie verräth bereits den wohlthätigen Einfluss der römischen Monogamie, zu deren Verherrlichung sie verfasst zu sein scheint. Sie strotzt von Ungereimtheiten, aus denen Frankel (Monatsschrift... des Judentums 1868, 447) sehr wagehalsige Schlüsse

Sage eingeschoben; zugleich mit ihr wird dann auch
noch das Muttermal[1]) hinzugekommen sein.

Ueber die Rolle des Gatten ist nur wenig zu sagen.
Er war nothwendigerweise und von Hause aus ein halb-
passiver Zuschauer des Triumpfes seiner Frau. Schon
beim Abschluss der Wette wurde er zur Unthätig-
keit verpflichtet; selbstverständlich musste er nämlich
versprechen, seine Gattin von der beabsichtigten Prüfung
ihrer Treue nicht zu unterrichten. Die Wettenden selbst
werden ursprünglich ihr Leben als Einsatz geboten haben
(Madonna Elena); erst allmählig sank dann dieser Einsatz
bis auf eine Geldsumme (Anonymus) herab.

Der Schauplatz endlich der ältesten Darstellung scheint
allein vom Mirakel beibehalten zu sein: Südfrankreich,
Spanien und Italien. Nach Südfrankreich versetzt uns
auch Madonna Elena; im König Florus spielt ebenfalls
eine südfranzösische Stadt (Marseille) eine Rolle. Nach
Italien und dem Sarazenenlande führt uns die Novelle des
Anonymus. Vielleicht war in der Originalerzählung auch
von San Jago d. C. die Rede; der Verfasser des Mirakels
hat möglicherweise diesen berühmten Wallfahrtsort nur
übersprungen. Nach San Jago, behauptet der Verräther im
Grafen von Poitiers, sei er unterwegs; von dort kommt
der Herzog von Metz im Veilchenroman, welcher die
Heldin auffindet; dorthin begiebt sich Robin im König
Florus. Jedoch wie die soziale Stellung und das Kostüm
der Personen mit der Zeit modernisiert wurde — die alten

---

gezogen hat. Die Geschichte selbst ist entweder eine für sich allein
stehende Novelle (ein weiblicher Joseph) oder ein Fragment aus einem
griechischen Danielroman. Den nicht kanonischen Charakter dieser Erzählung hat bereits Wetstein in seiner Dissertation (Basel 1691) gegen
Bellarmin und die übrigen „Papisten" dargethan. — Der italienische
Anonymus nahm die Kiste oder den Koffer (cf. R. Köhler in Orient
und Occident 1864 S. 313 f.) auf, weil er die Erzählung in bürgerliche
Kreise versetzt hatte; infolgedessen musste er den freien gesellschaftlichen Verkehr, der nur unter Adligen bestand, fallen lassen; die Bürger
lebten damals viel zu abgeschlossen.

[1]) Bekanntlich wird auch im Macaire ein Muttermal verwerthet.

Feudalherren der Vorzeit wurden gewöhnliche Ritter und schliesslich Bürger — so lässt sich auch eine fortrückende Verschiebung der Bühne namentlich in den französischen Bearbeitungen nachweisen. Im gewissen Sinne vollzog sich in Frankreich mit den Personen sowohl wie mit dem Schauplatz ein nationaler Akklimatisationsprozess. Von Burgos (Mirakel) werden wir nach Poitiers und Paris (Graf v. Poitiers), nach Pont de l'Arche, Nevers, Metz (Veilchenroman) und schliesslich nach Flandern (König Florus) geführt. Dies schliesst nicht aus, dass die Sage nordfranzösischen Ursprungs sein kann; war doch vor den Albigenserkriegen Südfrankreich für die Nordfranzosen eine wirkliche „terra incognita", also das ganz geeignete Terrain einer Dichtung!

Nach diesen Vorausbemerkungen können wir die sicher nur kurze Originalerzählung[1]) aus den verschiedenen Redaktionen[2]) zusammenstellen.

In der Urzeit des französischen Königthums (P. E. V. M.) lebte eine reiche Erbin (M. F. E.), um deren Hand sich zwei Männer bewarben. Der eine wurde zurückgewiesen (P.), der andere, obgleich von der Mutter nicht geachtet (F.), erhielt die Hand der Dame durch die Gunst ihres Vaters (F.) oder ihres Lehnsherren (E. M.). Der abgewiesene Bewerber sann auf Rache. Kurz nach der Vermählung des Paares (E. M. F.) traf er den jungen Ehemann (so alle); absichtlich greift er die Ehre der abwesenden Frau an und zwingt dadurch den einstigen Nebenbuhler, die von ihm vorgeschlagene Wette anzunehmen (so alle). Trotzdem die Frau im Rufe hoher Frömmigkeit stand (so alle), ja sich des besonderen

---

[1]) Für den relativ mässigen Umfang der Erzählung sprechen der Graf v. Poitiers, König Florus und der italienische Anonymus (Boccaccio). Girbert gelang es, wie gezeigt, nur durch gewaltsame Unterbrechung der Handlung einen längeren Roman daraus zu machen.

[2]) Ich gebrauche folgende Abkürzungen: Comte de Poitiers = P. Roman de la Violete = V. Roi Flore = F. Italienischer Anonymus = A. Miracle = M. Cantare di M. Elena = E.

Schutzes der H. Jungfrau erfreute (P. M.), brach der Herausforderer voller Zuversicht auf, um seine Wette zu gewinnen (so alle). Aber er wurde abgewiesen und erreichte nur durch ein bestochenes Weib (so alle) Gelegenheit, sich Zeichen einer Gunst, die ihm nicht zu Theil geworden war, zu verschaffen (so alle). Vom Gatten wurden die gemachten Angaben bezw. beigebrachten Pfänder als beweiskräftig angesehen; er beschloss daher sofortige Bestrafung der Frau (so alle). Dieselbe übernahm er selbst (P. E. V. M.), jedoch wurde er darin gestört.[1]) In ihrer Bedrängnis flehte nämlich die Frau zur Madonna oder zu Gott (P. V. M. A.) und ward sofort erhört (dieselben). Eine wunderbare Veränderung vollzog sich in dem Manne, der sie eben noch mit dem Tode bedrohte (P. V. A.); er liess die Frau unbestraft entweichen (dieselben). Beide Gatten wurden von einander getrennt (so alle, ausgenommen F.). Sie verkleidete sich (so alle, ausgenommen E.) und gelangte an den Hof eines Verwandten (des Vaters, E.), wo sie die freundlichste Aufnahme fand (so alle, ausgenommen F.). Nach längeren Irrfahrten kam auf einem Kriegszuge (M.) der Gatte, welcher sich inzwischen von der Unschuld seiner Frau überzeugt hatte (P. V. F. M.), an denselben Ort. Durch das entschlossene und thatkräftige Eingreifen der Frau (E. F. A. M.) wurde nunmehr der durch den Krieg (M.) ebenfalls herbeigeführte Verräther entlarvt. Ein darauf folgender Zweikampf (fehlt nur bei den Italienern) vernichtete die Glaubwürdigkeit des letzteren völlig und stellte die Ehre der Frau glänzend wieder her. Der Verräther und seine Helfershelferin wurden auf das Grausamste bestraft (so alle, ausgenommen F.).[2])

---

[1]) Als eine gleichwerthige Doublette dürfen wir vielleicht die Dienerscene des Anonymus (S. 35) betrachten. Doch denkt selbst Posthumus bei Shakespeare zunächst nur daran, in eigener Person Rache an der Frau zu üben (Cymbeline II, 4 am Schluss).

[2]) Die grausame Strafe in der Susannageschichte erfolgte nach den Rechtsgrundsätzen der Pharisäer (Wellhausen, Die Pharisäer und die S. S. 68), welche glücklicherweise zu keiner Zeit und in keinem Lande

Diese kurze Inhaltsangabe der hypothetischen Urerzählung zeigt uns, dass sie besonders drei schwache Punkte enthielt, welche eine Verbesserung von Seiten des Bearbeiters geradezu herausforderten: der Beweis des angeblichen Ehebruchs, die Verhinderung der Strafe und die Entdeckung des Verraths. Mit diesen drei Punkten hat sich in der That der Scharfsinn aller Bearbeiter beschäftigt; je nachdem der eine oder der andere dieser Punkte abgeändert wurde, verschob sich die äussere Form unserer Sage. Es sei mir gestattet einen zusammenfassenden Ueberblick der verschiedenen Redaktionen zu geben, schon um zu zeigen, in welcher Weise ich mir die Entwickelung der einzelnen Rezensionen aus der Originalerzählung oder auch aus den Mittelgliedern denke.

Ursprünglich wurde also, wie gesagt, der Ehebruch durch rein äussere Mittel bewiesen. Diese Form ist uns im Grafen von Poitiers überliefert. Hierbei war die Konfrontation der Frau mit dem Verräther unbedingt nothwendig.[1] Es lag nun nahe diese unzulänglich erscheinende

---

Anerkennung gefunden haben. Die mittelalterlichen Schriftsteller motivierten sie durch den vorhergegangenen Zweikampf. Im Mirakel wird die Strafe nicht direkt erwähnt, was Michel bereits (Notice p. XXV) angemerkt hat. Rochs (l. c. S. 26) folgert aus den Worten Michels, dass „das Mirakelspiel unvollständig überliefert sei", und dass dem „Geschmacke der Zeit zufolge" noch der Teufel etc. auftreten müsste. Dieser Schluss wird durch keine Sachkenntnis getrübt. In Bezug auf den Zeitgeschmack steht es z. B. fest, dass die Kaiserin von Rom um die Verzeihung ihrer Feinde bittet, Gautier de Coinci bei Méon, N. R. II, v. 2756 f., 3290 f., Miracle Nr. XXVII, 2003 f. Dasselbe thun die Zuschauer im König Florus (S. 53). Nun wird aber thatsächlich der Verräther Berengar in aller Form festgenommen (Nr. XXVIII, 2060 f.), seine Strafe nur aufgeschoben, nicht aufgehoben v. 2035. Unser Mirakel ist also nicht verstümmelt, es schliesst wie z. B. Nr. IV v. 1481. XII, 1353 etc. Auch in einem deutschen Susannadrama wird die Vollziehung der Strafe auf der Bühne nicht aufgeführt: H. Grimm, Fünfzehn Essays N. F. 1875, S. 150, der aber den Vorgang falsch erklärt; richtig Pilger, Zeitschrift für deutsche Philologie XI, 153.

[1] Sie findet sich bereits in dem muthmasslichen Prototypus unserer Sage: Daniel XIII, 29 Et dixerunt coram populo: Mittite ad Susannam.

Beweisführung abzuändern und an ihre Stelle eine auf einem
körperlichen Zeichen beruhende einzusetzen.¹) Ist unsere
Vermuthung in betreff des Alters der Vorlage des Mirakels
richtig, dann hat vielleicht der unbekannte Verfasser derselben das Muttermal zuerst eingeführt und, wie gezeigt,
noch etwas ungeschickt ausgenutzt. Durch diese Aufnahme wurde der Gang der Handlung nothwendigerweise
modifiziert: die Herbeirufung der Frau konnte nunmehr
fortfallen. Der von der Schuld seiner Gattin überzeugte
Mann konnte entweder selbst (Mirakel) oder durch einen
Stellvertreter (Anonymus-Boccaccio) die Strafe ohne weiteres
vollziehen. In beiden Fällen verlor die Rettung der Frau
nicht den romantisch-wunderbaren Beigeschmack, den sie
in der älteren Version hatte. Der einzige Bearbeiter, der
sich hier eine fundamentale Abweichung von der Originalvorlage erlaubte, ist der Dichter des König Florus. Indessen
bleibt es beachtenswerth, dass auch in dieser verbesserten
Ausgabe die ältere Fassung, „insignia" als Beweismittel
zu gebrauchen, insofern fortwirkte, dass alle späteren
Bearbeiter (mit Ausnahme des König Florus) dem neu-
gefundenen Muttermal zum Trotz von diesen Zeugnissen sprechen, oder gar von denselben noch Gebrauch
machen.

Die Entdeckung des Verraths war jedenfalls ursprüng-

---

¹) Man denke an den weiten Inhalt des Wortes „insignium (Ducange)
enseigne". Eine Ueberlegung, wie sie Shakespeare dem Jachimo (Cymbeline II, 2) in den Mund legt, ist so naheliegend, dass wir sie auch für
den Urheber dieser „Erfindung" in Anspruch nehmen können. In den
mit unserer Erzählung verwandten Sagen wird gerade der angebliche Ehebruch auf die verschiedenste Weise bewiesen: In der Kaiserin von Rom
wird die Frau auf die blosse Aussage eines für ehrenhaft gehaltenen
Zeugen (wie Susanna) zum Tode verurtheilt. Im Macaire wird ihr ein
Zwerg ins Bett gelegt, ähnlich in der Marquise de la Gaudine (Miracle
Nr. XII), denn nach franz. Gesetzen musste die Frau in flagranti er-
griffen werden (Gide l. c. S. 390. Anm. 2). Daneben finden sich auch
äussere Pfänder (wie im Grafen v. Poitiers) z. B. in dem späteren
Volkslied „Marianson, dame jolie" (Haupt, Franz. Volksl. S. 99.); Gebrüder
Grimm, Deutsche Sagen. Nr. 513. Eine eigenthümliche Kombination
bei Simrock l. c. I, 276 etc.

lich durch göttliche Offenbarung erfolgt (Mirakel);[1]) daraus machte der Verfasser des König Florus ein indirektes Wunder: die Reue treibt den Betrüger zum Geständnis. Der Anonymus, noch mehr aber Boccaccio, überliess die Entlarvung dem Zufall. Die kühne Aenderung, welche der Dichter des Grafen von Poitiers in diesem Punkte vornahm, hat nur Girbert benutzt. Mit ihr verlor man freilich gerade das aus dem Auge, was man beweisen wollte: die alle Hindernisse besiegende Liebe der Frau, welche so furchtbar in ihrer moralischen Kraft verkannt war. Am besten wäre die Herbeiführung der schliesslichen Aufklärung dem Verfasser unseres Mirakels gelungen, wenn er seine eigenmächtige Abweichung von seiner Vorlage für das Stück weiter ausgenutzt hätte. Denn die von dem Verrathe rechtzeitig benachrichtigte Heldin hätte nicht bloss durch ihre Flucht den ihr drohenden Schlag parieren, sondern auch eine Lösung der Verwicklung auf natürlichem Wege anbahnen können. Allein Zweck und Aufgabe des Schauspiels war es ja gerade, die wundersame Macht der H. Jungfrau zu erweisen, so wurde nothwendigerweise sein Verfasser an der Ausnutzung seines höchst brauchbaren Einfalls verhindert.

Fassen wir nun die mannigfachen Modifikationen, denen wir in Bezug auf die Unterbrechung der Strafvollziehung und in Bezug auf die Entdeckung des Verrathes begegnen, unter einem Gesichtspunkt zusammen, so müssen wir sagen, sie bezwecken sämmtlich die in der Urerzählung enthaltenen Wunder zu rationalisieren, oder gänzlich zu tilgen. Dies Unterfangen war aber schon deshalb eine Sisyphusarbeit, weil mit der Aufnahme des Muttermals der von der Frau zu leistende Gegenbeweis so gut wie unmöglich geworden war. Die letzte Erwägung darf uns

---

[1]) cf. Daniel XIII, 45. In der Inhaltsangabe des Cantare di M. Elena bemerkt Liebrecht, wie der Verrath entdeckt sei, „wird nicht gesagt."

vielleicht veranlassen, die Einführung dieses Males in unsere Sage der kasuistisch geschulten Reflexion eines Klerikers und nicht einem Laien zuzuschreiben: das von der Madonna vollzogene Wunder musste um so grösser erscheinen, je weniger menschliche Anstrengung gegen das beigebrachte Zeugnis vermochte.

V.
Das Verhältnis Cymbelines zu den romanischen Redaktionen.

An Shakespeares Cymbeline trete ich nur mit der ausdrücklichen Erklärung heran, dass ich sowohl auf dem Gebiete der altenglischen, wie auf dem der eigentlichen Shakespeare-Litteratur völlig Laie bin. Ich muss daher von vornherein unentschieden lassen, inwieweit der Stoff dieses Schauspiels von Shakespeare selbst,[1]) oder bereits von einem mir unbekannten englischen Vorgänger Shakespeares die jetzt vorliegende Gestaltung empfangen hat. Denn dass auch Cymbeline, wie mehrere andere Stücke Shakespeares, zunächst nach einer englischen Vorlage gearbeitet ist, scheint mir ziemlich selbstverständlich zu sein. Allein da ich diese Vorlage — vielleicht ein verlorenes Bühnenstück[2]) — nicht kenne, so werde ich vor allem nachzuweisen suchen, dass und welche romanische Redaktionen für Cymbeline benutzt sind, ohne damit behaupten zu wollen, dass Shakespeare direkt aus den betreffenden Bearbeitungen geschöpft habe. Gebrauche ich also im weiteren Verlauf Wendungen, wie „Shakespeare hat daraus gemacht" etc., so geschieht dies nur um unnöthige Worte zu sparen, nicht aber um für Shakespeare Kenntnisse in

---

[1]) Eine nähere Begrenzung des Shakespeareschen Antheils versuche ich zwar weiter unten zu geben, aber rein hypothetisch.

[2]) So vermuthet bereits Hertzberg (in einer Uebersetzung von Cymbeline 1877. S. 307). Die Vorläufer Shakespeares liessen bekanntlich ihre Stücke nur selten drucken, Shakespeare-Jahrbuch XV, 371.

Anspruch zu nehmen, welche er möglicherweise hatte aber nicht zu haben brauchte.

Ferner möchte ich noch auf eine Schwierigkeit hinweisen, welche aus meinem kritischen Ergebnis selbst entspringt. Glaube ich doch die Existenz mindestens zweier unbekannten Redaktionen wahrscheinlich gemacht zu haben: die lateinisch und in Prosa verfasste Originalerzählung und die epische(?) Vorlage des Mirakels. Die Möglichkeit, dass Cymbeline gerade auf diese verlorenen, bezw. noch nicht gefundenen Darstellungen theilweis zurückgeht, ist gewiss nicht ausgeschlossen. Die Sachlage ist demnach eine äusserst verwickelte; eine Fülle der verschiedensten Wechselbeziehungen der einzelnen Redaktionen untereinander und zu den theils bekannten, theils unbekannten Zwischengliedern darf man hier wohl mit Recht vermuthen.

Endlich legt aber auch die jetzige Gestalt von Cymbeline einer wissenschaftlichen Quellenuntersuchung ganz ungeahnte Schwierigkeiten in den Weg. Ich will hier nicht das oft zitierte Urtheil Johnsons[1] wiederholen; davon bin ich jedoch überzeugt, dass Gervinus trotz seiner gegentheiligen Versicherung (Shakespeare 4 II, 219) bei Beurtheilung gerade dieses Stükes „auf neue und absonderliche Ansichten" ein klein wenig „versessen" war. Jedenfalls haben alle Kritiker mehr oder weniger bestimmt die ungemein künstliche Zusammenschweissung heterogener Elemente hier anerkannt, und so möchte wohl das mildeste Urtheil dahin lauten, dass Cymbeline wesentlich eine „Intriguen-Komödie" ist und bleibt (Ulrici, Shakespeares dramatische Kunst[2], S. 585. vgl. die vorzügliche Charakteristik des Stückes bei Rümelin, Shakespearestudien 1874. S. 77 f.).

Bei dieser Sachlage scheint mir eine Vorfrage nicht unangebracht: was ist in Cymbeline Kette, was Einschlag? Schon die Beantwortung dieser Frage ist nicht leicht, denn offenbar wird die Person, nach der das Stück be-

---

[1] Z. B. bei von Friesen, W. Shakesperes Dramen 1876. III, 462.

nannt ist (Cymbeline), von anderen Figuren, Posthumus und Imogen, vollständig in den Schatten gestellt.[1]) Trotzdem wird man den Wink, welchen uns der Dichter durch seine scheinbar falsche Benennung des Stückes giebt, nicht unberücksichtigt lassen dürfen. Höchst wahrscheinlich gehört der Träger der Titelrolle dem ältesten Bestandtheile des Werkes an; vielleicht ist er erst im Laufe der Zeit zu seiner jetzigen, sekundären Rolle herabgedrückt. Somit würde sich bereits auf Grund dieser naheliegenden Beobachtung ergeben, dass der König Cymbeline und seine Schicksale — mit den Worten unseres obigen Gleichnisses — die Kette der ursprünglichen Handlung bildet, die übrigen Figuren den Einschlag, d. h. sie haben sich erst später hinzugesellt, sind mit Cymbeline verbunden und verflochten worden, haben ihn schliesslich überragt und erdrückt — die neuen und jungen Götter haben die alten ja stets verdrängt!

Ein Blick in Gottfrieds von Monmouth Historia Regum Britanniae zeigt uns, dass unsere Vermuthung der Wahrheit ziemlich nahe kommt. Dort finden wir nämlich einen altbrittischen König Kimbelinus (IV, 11 f. ed. San-Marte, S. 54 f.), seine Söhne heissen wie in unserm Stücke Guiderius und Arvigarus. Freilich stimmt das, was dort von diesem König und seinen Söhnen erzählt wird, nur sehr wenig mit den Angaben des Shakespeareschen Stückes überein; immerhin steht nun soviel wenigstens fest, dass diese Figuren zur altnationalen, ja zu einer theilweis historisch richtigen[2]) Tradition gehören. Die mageren

---

[1]) Dies giebt auch Jakoby zu (in Herrigs Archiv Bd. 81. S. 427), der sonst alles in schönster Ordnung findet. Nach seinem abgedroschenen Eingange „Cymbeline gehört unstreitig zu den Meisterwerken Shakespeares" setzt er nämlich höchst naiv hinzu: „Hätte der Dichter das Stück nach dem Haupthelden desselben benennen wollen, so hätte es ‚Imogen' heissen müssen."

[2]) Bereits San-Marte (l. c.) hat in seinen Anmerkungen die Angaben Gottfrieds mit den klassischen Ueberlieferungen verglichen, mit grösserer Akribie ist diese Untersuchung von Hertzberg aufgenommen, Cymbeline, S. 295 f.

Angaben Gottfrieds werden also, — dies dürfen wir wohl ohne Uebereilung annehmen — von den späteren Geschlechtern allmählich weiter ausgemalt, schliesslich die jetzt in Cymbeline vorliegende Gestalt gewonnen haben. Die Einzelheiten dieses Prozesses entziehen sich unseren Blicken, [1]) da auch die letzte uns bekannte Redaktion vor Shakespeare, in der Chronik Holinshed, nicht völlig in dem Schauspiel aufgeht. [2]) Darum dürfen wir es gieichwohl als ein relativ gesichertes Ergebnis betrachten, dass Cymbeline wahrscheinlich einmal die Hauptperson irgend einer altenglischen Volkserzählung gewesen ist. Dieser Name „Cymbeline" blieb der Erzählung selbst dann noch, als durch Einführung neuer Personen aus einer anderen Sage ihr Schwerpunkt verschoben wurde.

Hiermit gelangen wir zu dem Bestandtheile des Bühnenwerks, der uns für unseren speziellen Zweck allein interessiert; wir meinen die Geschichte von der Wette. In der national-englischen Erzählung von dem brittischen

---

[1]) Diese Weiterbildung vollzog sich natürlich in England selbst und nicht etwa in Fraukreich. Das, was Wace in seinem Brut (ed. Le Roux de Lincy v. 4963—5213) von Gottfried abweichendes bringt, ist ganz unbedeutend. Das Fragment des Münchener Brut reicht bekanntlich nicht so weit, aber nach der ganzen Art, wie er seine Vorlage benutzte (ed. Hofmann u. Vollmöller p. IV), darf man vermuthen, dass auch er sachlich nichts Neues geboten haben wird. Der Brut y Tysylio ist nichts als eine verkürzende Uebersetzung des Werkes Gottfrieds, so richtig (gegen die unkritische Ansicht San-Martes) Zarncke im Jahrbuch für rom. u. engl. Literatur 1864, S. 257. ten Brink in derselben Zeitschrift 1868, S. 262 f.

[2]) So Hertzberg, Cymbeline lS. 294; anders Leonhardt, Anglia VI, 6 f. Für die Schicksale der Söhne Cymbelines hat man noch keine Quelle ausfindig machen können. Schenkl in Germania IX (vgl. Simrock l. c. S. 274) nahm eine Benutzung von Sneewittchen an. Levy (Anglia VII) meint, Shakespeare habe dazu Boccaccio Dec. II, 8 verwerthet. Letzteres scheint mir geradezu undenkbar, da die einzige Aehnlichkeit beider Erzählungen darin besteht, dass von zwei Kindern die Rede ist, sonst stimmen beide Kinderpaare nicht einmal in ihrem Geschlecht und noch viel weniger in ihrem Geschick überein. Gervinus l. c. S. 218 möchte in dieser Episode eine „eigene sinnvolle Erfindung" Shakespeares sehen; ähnlich Leonhardt etc.

König Cymbeline, dem Schicksal seiner Söhne und seinem angeblichen Kampfe mit Rom ist nämlich für die Wette kein Raum gewesen. Dies lehrt die litterarische Ueberlieferung, so weit sie sich verfolgen lässt, lehrt aber auch schon die einfache Ueberlegung, dass mit Einführung der Wette die Wettenden und das Objekt der Wette, die Frau, nothwendig den Hauptgegenstand bilden und somit das Hauptinteresse an sich ziehen mussten. Die uns hier entgegentretende Geschichte der Wette kann demnach nur erst nachträglich mit „Cymbeline" verbunden sein. So dürfen wir gleich fragen: Woher stammt diese Geschichte der Wette?

Die Wette wird dem Helden, Posthumus, zu Rom von einem Italiener angeboten. Schon das macht uns stutzig; dazu kommt die Kofferscene, welche genau mit den italienischen Novellen übereinstimmt. Offenbar hängt also diese Darstellung der Wette mit jenen italienischen Redaktionen irgend wie zusammen. Nun wurde aber der Koffer nur deshalb in die Sage eingeführt, weil sie in eine bürgerliche Sphäre gerückt war. Ein fremder Mann konnte sich bei einer anständigen Bürgerfrau des Mittelalters (zumal während der Abwesenheit ihres Gatten) nicht so ohne weiteres einführen. Bei Shakespeare ist dagegen die ältere gesellschaftliche Stellung der Personen beibehalten; wir haben wieder (wie in den Romanen und im Mirakel) Mitglieder der höchsten Aristokratie vor uns. Der Koffer ist hier also ganz unnöthig, ja unpassend. Der Versucher, Jachimo, hat auf Grund eines Empfehlungsbriefes freien Zutritt zur Heldin, Imogen, erhalten. Er richtet an sie die Bitte, ihr einen Koffer bringen zu dürfen; Imogen erbietet sich ihrerseits diesen Koffer in ihrem Schlafzimmer aufzustellen! Aber durch dies Versprechen mit spezieller Angabe des Bergungsortes wird der Zuschauer nur auf die Unwahrscheinlichkeit der beabsichtigten List aufmerksam gemacht, denn Jachimo selbst hatte ja bei seiner Bitte die Hauptsache vergessen: Bergung des Koffers gerade in dem Schlafzimmer. Sein Plan wäre also ins Wasser gefallen, wenn ihm nicht Imogen hülfreich entgegen gekommen wäre. So ungeschickt kann kein Originalerzähler seine Intrigue anlegen; wir merken hier deutlich, dass beide, Jachimo und Imogen, gut geschulte Komödianten sind, welche die italienische Novelle irgend einmal gehört oder gelesen haben. Zu dieser unwahrscheinlichen Darstellung gesellt sich noch die Schluss-Scene des englischen Schauspiels, welche mit dem Ausgang der italienischen Novellen völlig übereinstimmt. Demnach scheint uns nicht nur der Zusammenhang des Engländers mit den Italienern, sondern sogar seine Abhängigkeit von denselben erwiesen.

Jedoch welche italienische Erzählung wurde von Shakespeare benutzt, die des Anonymus [1]) oder die Boccaccios?

Ich glaube nur die letztere. Die feine Einleitung der Wette in Cymbeline (I, 5) macht ganz den Eindruck einer Nachahmung des nicht minder feinen Wortwechsels zwischen Bernabo und Ambrogiuolo, auf den ich bereits aufmerksam gemacht habe. Besonders spricht aber die Scene mit dem Diener für eine Benutzung Boccaccios. Derselbe hatte, wie gezeigt, die persönliche Auseinandersetzung der beiden Gatten übersprungen. Ebenso geht Shakespeare vor; auch bei ihm wird der Diener (Pisanio) sofort zur Vollziehung der Strafe abgeschickt. Posthumus motiviert ihm gegenüber allerdings seinen Befehl, giebt aber nicht den Verräther noch die Beweise an, auf welche er seine Anklage und Verurtheilung stützt:

III, 4 Thy mistress, Pisanio, hath played the strumpet in my bed; the testimonies whereof lie bleeding in me etc.[2])

---

[1]) Selbstverständlich könnte nur ein Zufall die Erzählung des ital. Anonymus nach England geführt haben. Auch erörtern wir diese Möglichkeit nur, weil ja der Zufall auf litterarischem Gebiete eine so grosse Rolle gespielt hat. Unsere litterarischen Denkmäler aus dem Alterthum z. B. sind ja grösstentheils nichts als Trümmer, welche von den Winden und Wellen des Zufalls an das feste Gestade getrieben wurden.

[2]) Die Zitate gebe ich nach der Tauchnitzschen Ausgabe.

Es ist also genau dieselbe Situation wie in Boccaccios Novelle. Wie dort steht auch hier die Frau unter einer Anklage, welche nur ihre Empörung über die frevelhafte Leichtgläubigkeit des Gatten — sie selbst vermuthet sogar noch Schlimmeres — hervorrufen, sie aber nicht zu eigner Thätigkeit anspornen kann. Mit dem Wegfall eben dieser Mittheilung wird gleichzeitig die weitere Entwicklung des Schauspiels, gerade so wie die der Novelle Boccaccios, in das aller primitiveste Geleise zurückgeworfen; nur der Zufall kann nunmehr die getrennten Gatten wieder vereinigen.

Jetzt, nachdem wir erkannt haben, dass Shakespeare die Geschichte der Wette aus Boccaccio entlehnte, gewinnt auch die italienische Form der Namen des Verräthers und des Dieners eine gewisse Bedeutung. Sie verräth uns durch ihren nur zu fühlbaren Kontrast mit den brittischen und römischen Namen der übrigen Personen, dass diese Namen wie ihre Träger in der That dem jüngsten Bestandtheile des ganzen Stückes angehören. Die Namen des Heldenpaars, Posthumus und Imogen, passen dagegen wieder ausgezeichnet in den Rahmen der altbrittischen Geschichte.[1]) Ist das nicht abermals ein deutlicher Wink für uns, dass diese Personen nicht der italienischen Novelle, sondern einer anderen Erzählung, oder einer älteren Schicht entstammen? Wirklich haben fast alle Kritiker vor uns bereits beobachtet[2]), dass sich die Shakespearesche Darstellung der Wette keineswegs mit der des Boccaccio völlig deckt, und haben daher noch eine dritte Quelle angenommen, über deren nähere Bestimmung sie sich freilich noch nicht geeinigt haben. Mit dem Eingehen auf diese Frage verlassen wir also das durch die bisherige Forschung gesicherte Terrain. Denn man darf die von uns versuchte Zerlegung Cymbelines in

---

[1]) Man vgl. die treffliche Untersuchung dieser Namen bei Hertzberg, Cymbeline S. 301. 2.

[2]) z. B. Ulrici S. 591. Gervinus S. 218 v. Friesen S. 453 etc.

zwei Bestandtheile, eine altbrittische Sage und Boccaccios Novelle, als die Durchschnittsansicht der meisten Kritiker bezeichnen (vgl. Elze, W. Shakespeare S. 409). Seit Bekanntwerden der französischen Mirakelsammlung (1839) sind mehrmals Versuche gemacht worden, das Mirakel: Comment Ostes etc. zur Erläuterung des Shakespeareschen Stückes heranzuziehen. Durch voreiliges und unkritisches Aburtheilen ist allerdings eine Untersuchung in dieser Richtung in Verruf gerathen; jedoch mit Unrecht! Das Mirakel allein — mit der nöthigen Vorsicht untersucht — gewährt uns Aufschluss über die Abweichungen von Boccaccio, ja es bietet uns sogar die Möglichkeit eine dritte Quelle für Cymbeline, wenn auch nicht direkt namhaft zu machen, so doch ziemlich genau zu beschreiben.

Die Nothwendigkeit das Mirakel in den Kreis unserer Untersuchung zu ziehen wird eine Zusammenstellung der identischen Züge aus beiden Stücken darthun.[1]) Natür-

---

[1]) Die oben angeführte Untersuchung von Leonhardt (Anglia VI) lasse ich hier unberücksichtigt, da ich ihr sonst auf Schritt und Tritt widersprechen müsste. Dem Verfasser fehlt nämlich jede wissenschaftliche Methode zu einer richtigen Benutzung der Texte. Auch die Ausdrucksweise altfranz. Schriftsteller scheint ihm nicht recht geläufig zu sein; man lese z. B. seine Bemerkung über „qui ne vous prise pas la queue d'une serise." Ein Blick in Diez, Grammatik⁴ III, 431 — von neueren Abhandlungen zu schweigen — hätte ihn darüber belehren können. Wie Rochs (l. c. S. 37) hat auch er aus einer Vergleichung Shakespeares mit dem Mirakel nichts gelernt. Er stellt wohl die gleichlautenden Stellen beider Stücke zusammen, begleitet sie aber mit äusserst seichten ästhetischen Werthurtheilen, welche die ungeahnte Wahrheit darthun sollen, dass Shakespeares Darstellung viel schöner als die des rohen Mirakels sei. Dass Shakespeare mehrmals und in auffälligerweise mit dem Mirakel zusammentrifft, erklärt er stets für ganz zufällig. Shakespeare ist ihm ein für allemal der frei und unmittelbar aus sich selbst heraus schaffende Genius. Auf solchem Standpunkte ist natürlich jede Quellenkritik ausgeschlossen. Das Genie ist gewiss eine schöne Gottesgabe, aber das Genie zeigt sich gerade in der Benutzung seiner Quellen. Aus den dürftigen Angaben Benoits oder des mit ihm identischen Guidos de Colonna schuf Boccaccio seinen Filostrato, erwuchs schliesslich Troilus und Cressida (vgl. Hertzberg im Shakes-

lich zähle ich nur solche Punkte auf, welche sich allein im Mirakel und bei Shakespeare finden.

In beiden Stücken übergiebt der scheidende Gatte seiner Frau ein Liebespfand:

M. v. 576. Gardez me cest os ci, tenez,
S'en riens avez chier m'amistié;
Car c'est d'un des doiz de mon pié.[1)]

C. I, 1, S. 5.   for my sake, wear this:
It is a manacle of love; I'll place it
Upon this fairest prisoner.   [Putting a Bracelet on her Arm.]

In beiden Stücken suchen die Verräther die Eifersucht der umworbenen Frau zu erregen:

M. v. 728. De Romme vien ou j'ay laissié
Vostre seigneur, qui ne vous prise
Pas la queue d'une serise;
D'une garce s'est acointié etc.

Jachimos wortreiche Rede drückt nichts anderes aus, als die etwas derben Worte des Mirakels. Auf diese Uebereinstimmung hat, soviel ich weiss, Wolf zuerst aufmerksam gemacht. Sie ist in der That bemerkenswerth, da Boccaccio, dem Shakespeare sonst in der Darstellung dieser Wette folgt, gar keine Unterredung des Verräthers mit der Frau hat.

Ferner erfolgt die Abweisung des Versuchers, wenn man den Abstand zwischen Shakespeare und dem Schreiber unseres Mirakels richtig würdigt, beinahe mit denselben Worten:

---

peare-Jahrbuch VI, 169—225; Gaspary l. c. S. 11). Aehnlich verdankt manch farbenprächtiges Gemälde italienischer Künstler einem armen, und wenn man will „rohen", deutschen Holzschnitte seine erste Anregung. Im Grunde genommen ist Leonhardts Ansicht nichts weiter als die alte, längst abgethane Inspirationstheorie, welche Jahrhunderte lang den Theologen den Weg zu einer wissenschaftlichen Erkenntnis und Würdigung der Bibel versperrt hat.

[1)] Man vgl. oben S. 44.

M. v. 742. Conment, Berengier? Par vostre ame,
Estes vous un si vaillant homme
Que venez jusques cy de Romme
Pour moy dire si fait langage?
C. I, 6. S. 22. If thou wert honourable,
Thou would'st have told this tale for virtue, not
For such an end thou seek'st, as base, as strange.

Uebrigens kommen beide, Jachimo wie Berengar, von Rom. In Rom findet nämlich in beiden Stücken die Wette statt; bei Boccaccio dagegen in Paris. Ein weiterer Anklang in der Ausdrucksweise findet sich auch noch später. Beide Heldinnen verkleiden sich als Pagen und klagen über die ungewohnte Verkleidung:

M. v. 1225. E! Diex, j'ay touz les membres roupz
De cest erre que j'ay empris.
C. III, 6, S. 59. I see, a man's life is a tedious one etc.

Ebenso werden in beiden Stücken die verschiedenen Personen und das Heldenpaar durch einen Kriegszug wieder zusammengeführt.

Endlich — und damit kommen wir meiner Ansicht nach zu dem Hauptpunkt — erinnern wir uns, dass in dem Mirakel der Knoten durch das Eingreifen der Madonna gelöst wird. Gott (auf Veranlassung Marias) erscheint dem Helden in eigener Person, um ihm die Unschuld seiner Frau zu offenbaren:

M. v. 1576. Oultre, tu as un grant deffault,
Qu'a tort as ta femme hay
Et jusques a mort envay.

Dies spezifische Merkmal einer mittelalterlichen Wundergeschichte findet sich in Cymbeline wieder; es verschlägt natürlich nichts, dass hier der christliche Himmel paganisiert ist. Eine solche Umwandlung war einerseits nöthig geworden, weil Cymbeline in noch heidnischer Zeit spielen soll; anderseits dürfen wir nicht vergessen, dass das Schauspiel für ein protestantisches Publikum geschrieben wurde, welches mit der mittelalterlichen Kultusform eben gebrochen hatte und von der grossen Himmelskönigin nichts mehr wusste, oder nichts mehr wissen wollte. Abgesehen aber von dieser geringfügigen, ja nothwendigen Kostümveränderung entspricht die vierte Scene des fünften Aufzugs in Cymbeline genau der Darstellung unseres Mirakels (v. 1501—1609). Dazu kommt noch, dass die Heraufbeschwörung Jupiters etc. bei Shakespeare ganz überflüssig ist, weil er in der nachfolgenden, fünften Scene eine Aufklärung nach Boccaccios Novelle giebt. Thatsächlich weiss auch Posthumus von der erhaltenen Offenbarung keinen Gebrauch zu machen; sie hat ihm nur Kopfschmerzen verursacht.[1])

Ueberblickt man alle diese mannigfaltigen Uebereinstimmungen oder Berührungen des englischen Schauspiels mit dem altfranzösischen Bühnenwerk, und lässt man besonders das Gewicht des letztbesprochenen Punktes auf sich wirken, so wird man mir einräumen, dass das Shakespearesche Stück auf irgend eine Art mit dem Mirakel zusammenhängen muss. Ja, man wird vielleicht geneigt sein, wie einige Kritiker bereits gethan haben, eine direkte Bekanntschaft mit unserem Mirakel bei Shakespeare oder seinem englischen Vorläufer anzunehmen. Der letztere Schluss wäre jedoch voreilig! Wie sollte wohl die Kunde von einem Stücke, welches zu einer wenig verbreiteten und allem Anschein nach selbst in Frankreich wenig bekannten Sammlung gehörte, nach England gedrungen sein? Dies ist einfach undenkbar. Dazu kommt, dass man meines Erachtens noch beweisen kann, dass Shakespeare unser Mirakel unmöglich gekannt haben kann.

Durch die geschickte Verwandlung des Dieners in einen Bürger (s. oben S. 48. 49.), welcher die beschuldigte

---

[1]) Es ist bekannt, dass diese Geister- und Göttererscheinung den Kritikern viel zu schaffen gemacht hat, Ulrici z. B. (S. 589) erklärt sie für einen „Missgriff Shakespeares"; andere haben sie als ein späteres Einschiebsel ganz beseitigen wollen, wogegen Hertzberg (Cymbeline S. 291 f.) mit guten Gründen protestiert.

Frau, seine Königin, von der stattgefundenen Wette und ihrem Ausgange in Kenntnis setzt (Miracle v. 988 f.), war es dem alten Verfasser des Mirakels gelungen, die Einheit seines Stückes zu wahren. Hätte also Shakespeare unser Mirakel gekannt, dann hätte er es gründlich verballhornt, weil er ja nachgewiesenermassen Boccaccios viel ungeschicktere Darstellung dieser Scene aufgenommen hat. Diese das Darstellungstalent des grossen Britten herabsetzende Schlussfolgerung ist jedoch zu umgehen. Habe ich den mittelalterlichen Dichtern die Rechtswohlthat einer Unkenntnis der ihnen vorangegangenen, verbesserten Redaktionen der Sage zu gute kommen lassen, so sehe ich nicht ein, warum ich Shakespeare (oder seinem englischen Vorläufer) eine gleiche Wohlthat versagen soll. Nur wer die Basis meiner litterarischen Kritik beanstandet und eine direkte, mechanische Fortpflanzung der einen Version unserer Sage in der andern annimmt, muss zu einem derartigen Dilemma gelangen. Getreu meinem kritischen Prinzip schliesse ich also aus den Uebereinstimmungen und der Abweichung in diesem entscheidenden Punkte, dass Shakespeare nicht unmittelbar nach dem Mirakel, sondern nach einer mit diesem wesentlich übereinstimmenden Erzählung, welche aber die Dienerscene in der üblichen Fassung (s. oben S. 35) brachte, gearbeitet hat. Denn jene Verwandlung des Boten in einen loyalen Bürger von Burgos ist, wie wir gesehen haben, eine eigenmächtige Abänderung von Seiten des Dichters unseres Mirakels; in seiner Vorlage war höchst wahrscheinlich diese Episode in der Weise des italienischen Anonymus dargestellt. Boccaccio seinerseits hat sie vom Anonymus unverändert übernommen. Als Shakespeare (oder sein Vorläufer) Boccaccios Novelle mit jener Erzählung, die mit dem Mirakel so seltsam übereinstimmt, vereinigte, fand er demnach zwei ziemlich gleichwerthige Dubletten derselben Scene aus der gleichen Geschichte vor; ihrer Zusammenschmelzung stand somit nichts im Wege.

Dass diese Erzählung, welche wir als dritte Quelle für Cymbeline kritisch postulieren müssen, wirklich ein Doppelgänger unserer Sage, d. h. eine uns bis dahin unbekannt gebliebene Darstellung der Wette gewesen ist, lässt sich aus dem Shakespeareschen Stück noch genauer erweisen. Bevor Posthumus in Rom jene verhängnisvolle Wette eingeht (Cymb. I, 5), wird uns erzählt, dass er schon einmal, in Orleans, den Werth seiner Dame in der überschwenglichsten Weise gepriesen und dadurch den Widerspruch eines Franzosen hervorgerufen habe. Das, was uns von jenem Zwiste mitgetheilt wird, erinnert fast wörtlich an die aus den Romanen und dem Mirakel bekannte brüske Einführung der Wette.[1]) Gleich nach dieser Erzählung lässt Shakespeare — nunmehr genau im Anschluss an Boccaccio — den Streit um den Frauenwerth von neuem losbrechen, der diesmal zum wirklichen Abschluss der Wette führt. Wir haben hier also einen Doppelbericht über eine ursprünglich identische Scene vor uns. Deutlicher, meine ich, kann uns nicht verrathen werden, dass in Cymbeline zwei Redaktionen unserer Sage verarbeitet sind.

Unser Ergebnis, dass der dritte Bestandtheil in Cymbeline auf eine (wahrscheinlich) ältere englische Darstellung der Wette, welche im ganzen und grossen mit dem Mirakel parallel lief, zurückgeht, erhellt noch mehrere andere Punkte des Shakespeareschen Stückes, die man aus Boccaccio allein niemals erklären könnte. Diese Punkte bestimmen gleichzeitig die Umrisse der bereits erkannten dritten Vorlage genauer; sie dürfen demnach als weitere Bestätigung unserer Vermuthung gelten.

Sehen wir vorläufig ab von der fremdartigen Einkleidung — das Kostüm ist bei unserer Sage ja stets Nebensache gewesen —, so entdecken wir sofort eine

---

[1]) Die Wette selbst ist natürlich ausgelassen; zweimal ganz dasselbe zu erzählen, wäre zu ungeschickt gewesen. In Orleans forderte man sich nur zu einem Zweikampf heraus, der aber nicht stattfand.

gewisse Familienähnlichkeit zwischen dem Helden Shakespeares und dem unserer Sage. Schon die Vorgeschichte des Posthumus gleicht der Ottos im Mirakel und Robins im König Florus auf ein Haar. Auch Posthumus wurde, wie die Genannten, von dem über die Hand der Heldin verfügenden Herren als Sohn behandelt.[1]) Die Wirkung der von Jachimo beigebrachten Zeugnisse auf Posthumus ist dieselbe wie auf Otto im Mirakel: auch er schlägt sich auf die Seite der Feinde seines Königs und wird erst im letzten Augenblick der Vernunft wiedergegeben.[2]) Scheinbar neue Gestalten bei Shakespeare sind die Königin und ihr Sohn Cloten. Bei näherer Betrachtung verlieren sie aber ebenfalls das Fremdartige. Wie in Cymbeline die „Stiefmutter," so sucht im König Florus die „Mutter" die Verbindung des Heldenpaares zu hintertreiben.[3]) Die etwas hanswurstmässige Gestalt des Cloten dagegen lässt sich mit leichter Mühe als eine Metamorphose des Verräthers der englischen Erzählung nachweisen. Denn da Shakespeare die eigentliche Wette nach Boccaccio erzählte und aus diesem die ganz moderne Figur des Jachimo übernommen hat, so erhielt er durch Vereinigung von Boccaccios Novelle mit dieser anderen englischen Erzählung der Wette streng genommen zwei Verräther (Cloten und Am-

---

[1]) Cymbeline I, 1. (S. 3). The king he takes the babe To his protection; calls him Posthumus Leonatus etc.

[2]) Ein Religionswechsel des Posthumus war unnöthig, da Cymbeline in der heidnischen Zeit Britanniens spielt. Nur in Folge oberflächlicher Vergleichung hat man den edlen Posthumus (die „idealste" Männergestalt Shakespeares nach Rümelin) mit dem Verräther Levis Hanno bei Gottfried von Monmouth l. c. S. 54 f. zusammenstellen können.

[3]) Die Figur der Königin ist ein positiver Beweis dafür, dass Shakespeare nicht nach dem Mirakel gearbeitet hat; im Mirakel wird nämlich die Mutter der Heldin nicht mehr erwähnt. Vielmehr näherte sich in diesem Punkte die englische Vorlage der älteren franz. Darstellung, wie sie uns im König Florus allein erhalten ist. Die „Mutter" ist wahrscheinlich, infolge ihrer undankbaren und ungünstigen Rolle, erst nachträglich in eine „Stiefmutter" verwandelt. Damit war dann der Anstoss gegeben, ihren Charakter weiter ins Schwarze auszumalen (unter dem Einfluss von Sneewittchen?).

brogiuolo), er musste also nothwendigerweise einen entfernen oder degradieren. Er hat, wie bei dem Doppelbericht von der Wette selbst, das letztere vorgezogen. Dass dem so ist, dafür spricht zunächst, dass Cloten sich thatsächlich um die Hand Imogens beworben hat und noch bewirbt. Ferner hat er sogar den Versuch gemacht, genau wie der Verräther in den altfranzösischen Darstellungen, die Kammerzofe Imogens zu bestechen (II, 3 S. 30)! Gleich dem Herzog von der Normandie im Grafen von Poitiers ist Cloten der brutale Frauenverächter, welcher den Gegenstand seiner einstigen Neigung in den Koth zu ziehen sucht (III, 5 S. 58). Endlich steht sein Untergang in gar keinem Verhältnis zu seiner höchst thörichten Rolle; aber sein Tod erklärt uns vorzüglich, warum Jachimo ungestraft entkommt: Cloten, der ursprüngliche Verräther der englischen Erzählung, war bereits gerichtet.

Fassen wir sonach unser auf rein induktivem Wege gefundenes Resultat zusammen, so lautet es: es gab eine (wahrscheinlich) altenglische Erzählung von Posthumus, Imogen, Cloten etc., welche mit sicher nur geringen Abweichungen von der aus unseren altfranzösischen Denkmälern bekannten Form die Geschichte der Wette brachte.[1])

Ging diese Erzählung, die ich der Kürze wegen einfach „Posthumus" nennen will, etwa auf eine nationalenglische bezw. brittische Tradition zurück? Man könnte in Hinblick auf die Namen ihrer Personen (cf. Hertzberg l. c.) geneigt sein diese Frage im bejahenden Sinn zu beantworten; allein ich glaube, dass dies nicht der Fall ist. Als Beweis für meine Ansicht möchte ich auf die freilich einzige, aber gerade darum um so wichtigere Spur hinweisen, welche uns verräth, dass auch in „Posthumus" der Abschluss der Wette auf einem romanischen Schauplatze stattfand. Letzteres ergiebt sich nämlich aus dem

---

[1]) Diesen Thatbestand hat, wie ich ausdrücklich bemerke, bereits Hertzberg, Cymbeline S. 306 annähernd richtig vermuthet.

Doppelbericht über das männliche Eintreten des Helden für die Frauenehre. Dasselbe trug sich nach der jetzt mit Boccaccio vereinigten Erzählung in Orleans und in Rom zu (Cymb. I, 5); nach „Posthumus" doch wohl nur entweder in Orleans oder in Rom! Zur Beurtheilung der Herkunft des „Posthumus" halte ich beide Angaben, welche uns übereinstimmend auf romanisches Gebiet verweisen, für entscheidend. Eine rein nationale Ueberlieferung hätte meines Erachtens niemals das Ausland zum Schauplatz der Haupthandlung gewählt. „Posthumus" ist somit eine altenglische und auf brittische oder englische Verhältnisse übertragene Bearbeitung unserer romanischen Sage gewesen. Infolge ihres praktisch-pädagogischen Zweckes wurde unsere Sage in einen historisch möglichst getreuen Rahmen gefasst, so erscheint sie uns in fast allen romanischen Redaktionen. Aehnlich erging es ihr in England [1]), auch hier wurde sie mit Namen und Ereignissen verknüpft, die zum Theil der altnationalen Ueberlieferung bereits angehörten, oder ihr wenigstens angepasst wurden. Vielleicht wurde „Posthumus" schon frühzeitig mit dem König Cymbeline, von dem man nur noch wenig wusste, verbunden, denn ein König aus der Vorzeit — bei den Romanen Lothar [2]), Pipin [3]), Karl der Grosse [4]) oder Ludwig [5]) — war für die Entwicklung der älteren Sagenform unentbehrlich. Ja, vielleicht hat erst der kriegerische Ausgang, welchen „Posthumus" wie das Mirakel höchst wahrscheinlich von Hause aus hatte, den friedfertigen und römerfreundlichen König Cymbeline in einem kriegerischen verwandelt. Doch das sind Vermuthungen, welche ich mich nicht zu beweisen getraue. Sicher ist soviel, dass in dem Shakespeareschen Stück

---

[1]) In der weiter unten zu besprechenden englischen Erzählung vom „Fischweib" ist der Stoff noch weiter nationalisiert.
[2]) Mirakel.
[3]) Graf von Poitiers.
[4]) Madonna Elena.
[5]) Veilchenroman.

das, was wir oben als volksthümliche Ueberlieferung vom König Cymbeline herausgehoben haben, mit „Posthumus" auf das innigste verwachsen erscheint. Wann diese Verbindung stattfand, lässt sich wohl nicht mehr angeben, weil sie uns in einer einheitlichen Bearbeitung vorliegt, die jede weitere Untersuchung — wofern nicht die litterarischen Mittelglieder gefunden werden — abschneidet. Es sei mir gleichwohl gestattet, meine persönliche Ansicht über die endgültige Gestalt des englischen Schauspiels vorzutragen. Die gegenwärtige Bearbeitung von „Posthumus" und „Cymbeline" kann unmöglich sehr alt sein. Dies ergiebt sich aus ihrem unverkennbaren Kokettieren mit dem klassischen Alterthum, das nicht mehr einen mittelalterlichen Redaktor, sondern bereits einen Jünger der Renaissance voraussetzt. Dass eine solche gewissenhafte, ich möchte sagen so pedantische Beobachtung des klassischen Lokaltons, welche sich sogar auf die Benennung Gottes erstreckt (cf. Hertzberg l. c. S. 306. Anm. 1.), von Shakespeare herrührt, möchte ich bezweifeln. Mir wenigstens dünkt es wahrscheinlich, dass diese Bearbeitung im Sinne der neu erwachten Studien das Werk eines unbekannten, aber gelehrten Vorläufers des grossen Britten ist. Anders dagegen verhält es sich mit dem jüngsten Bestandtheil des Stückes, der Novelle Boccaccios. Dieselbe ist rein äusserlich in das Renaissance-Drama (?) „Cymbeline Posthumus" hineingetragen. Motive, Personen, Kostüm, sogar die Titulatur „signor" sind direkt aus dem Dekameron übernommen[1]). Aus ihm stammen die französischen und italienischen Kavaliere, welche sich lustig unter die Tribunen und Augurn des Kaisers Augustus mischen und „von Pistolenschiessen, Karten- und Kegelspiel" (Rümelin) sprechen. Die Vereinigung der italienischen Novelle mit dem älteren Stück („Cymbeline-Posthumus") geschah gewissermassen in fliegender Eile; daher sind die Bestandtheile der älteren Darstellung nicht beseitigt, sie blieben, nur leise berührt und umgewandelt,

---

[1]) Man lese darüber den oft zitierten Hertzberg nach, der viel schärfere Augen hat als z. B. Elze, Shakespeare Jahrbuch XV, 259.

fast mitten im Wege liegen. Daraus erklären sich gerade die Dubletten: Orleans und Rom, Jachimo und Cloten und schliesslich die doppelte Aufklärung, welche einmal durch göttliche Offenbarung, das andere Mal im Anschluss an Boccaccio erfolgt.[1]) Wer so schnell arbeitet, derartig souverain seine Quellen benutzt und doch dabei die Goldkörner, welche sie ihm boten, nicht zu vergessen weiss, der ist sicher kein Pedant gewesen. Ja, das kann nur Shakespeare gethan haben![2]) Aengstlichen Gemüthern wird dieser Arbeitsantheil, welchen ich dem grossen Dichter zuweise, zu klein scheinen. „Zu klein?!" Was gehörte wohl dazu, aus den mangelhaft und nur äusserst flüchtig gezeichneten Gestalten seiner Vorlagen so lebensvolle Charaktere zu schaffen wie z. B. Jachimo? Ihn gerade nenne ich, weil bei ihm eine Vergleichung mit dem direkten Original (Boccaccio) noch möglich ist. Oder was gehörte wohl dazu eine Imogen zu schaffen? Gewiss, Imogen trägt alle Züge, welche uns die mittelalterlichen Erzähler überliefert haben! Aber was sie nur dunkel ahnten, was sie nicht zu sagen, nicht auszudrücken, nicht zu entwickeln verstanden: das treue Weib — diesen mittelalterlichen Traum hat erst der Genius eines Shakespeare in Fleisch und Blut verwandelt, er allein konnte dies hehre Frauenbild ins Leben rufen.

---

[1]) Die erstere stammt natürlich von dem unbekannten Dichter des Renaissance-Stückes; in seinem Geiste und Geschmacke allein ist diese Geister- und Götterscene gearbeitet, aber sie ist, wie wir gesehen haben, von ihm nicht erfunden. Im Shakespeareschen Stück ist sie geradezu störend, weil überflüssig. Letzteres giebt selbst Leonhardt (l. c. S. 28) zu; trotzdem erklärt er mit aller Bestimmtheit, „sie ist von Shakespeare selbst geschaffen."

[2]) Das antike Kolorit des Schuldramas ging dabei freilich verloren. Schon die damaligen Schulmeister, glaube ich, hätten den Dichter über seine „groben" Verstösse aufklären können; er scheint sie aber für Cymbeline so wenig wie für seine anderen Stücke um Rath gefragt zu haben. Das Bedenken früherer Kritiker, ob Shakespeare den Boccaccio im Original lesen konnte, darf heute als beseitigt angesehen werden: Elze, W. Shakespeare S. 438 f.

Die Frage, wann „Posthumus"[1]) mit dem König Cymbeline vereinigt wurde, konnte ich schon deshalb unentschieden lassen, weil sie mit meinem Thema eigentlich nichts zu schaffen hat. Dagegen darf ich der anderen Frage: In welchem Verhältnis stand „Posthumus" zu den romanischen Redaktionen? keineswegs aus dem Wege gehen, da ich ja ausdrücklich behauptet habe, dass „Posthumus" nur eine englische Bearbeitung unserer französischen Sage ist. Das Mirakel kann nach der obigen Auseinandersetzung nicht als Vorlage des „Posthumus" in Betracht kommen, noch weniger, das lehrt der Augenschein, die Romane oder gar der König Florus. Demnach bleiben uns nur jene hypothetischen Darstellungen: die lateinische Prosaerzählung und die epische (?) Vorlage des Mirakels übrig, auf welche wir „Posthumus" zurückführen können. Aber nach welcher von beiden unbekannten Grössen dürfte „Posthumus" entworfen sein? Beide, das sahen wir oben, müssen ziemlich genau übereingestimmt haben, d. h. die epische Bearbeitung gab das Original getreuer wieder als der vielleicht gleichzeitige Graf von Poitiers, nur in Ansehung der Zeugnisse hatte sich der unbekannte epische Dichter von seiner Vorlage entfernt. Mithin liesse sich die zuletzt aufgeworfene Frage nur dann entscheiden, wenn wir wüssten, auf Grund welcher Zeugnisse der Verräther in „Posthumus" (Cloten) die Wette angeblich gewonnen hatte. Allein hierüber giebt uns die gegenwärtige Gestalt des englischen Schauspiels keinen Aufschluss, weil in ihm die Darstellung der Wette nach Boccaccio und mit ihr das Muttermal eingeschoben ist. Müssen wir darum diese Frage abermals unentschieden lassen? In gewissem Sinne, ja! Die Dokumente erlauben uns nur ein „non liquet"; aber wenn irgend wo, so ist hier die Hypothese an ihrem Platze. Ich vermuthe also, dass „Posthumus" nach jener bisher nur mehr oder minder

---

[1]) Ich denke hierbei zunächst an eine altenglische Erzählung, welche vor dem Renaissance-Drama, mag dasselbe nun von Shakespeare oder einem seiner Vorläufer stammen, anzusetzen ist, vgl. S. 75 u. 80 f.

klar erkannten Originalerzählung gearbeitet war. Diese hatte nach unserer obigen Rekonstruktion einen geistlichen Charakter, in sofern schon in ihr Gott (in Cymbeline travestiert in „Jupiter") in die Handlung eingriff, aber sie kannte noch nicht das Muttermal. Ihre in „Posthumus" vorauszusetzende englische Bearbeitung, welche den Grundstock von Shakespeares Cymbeline bildet, folgte ihr ganz getreu. Daher die mannigfaltigen und überraschenden Uebereinstimmungen, welche sich zwischen den beiden sekundären Ausläufern (Cymbeline und Mirakel) noch heute nachweisen lassen. Ja, vielleicht hatte diese englische Bearbeitung — auch darin dem Original getreu — das Muttermal noch nicht aufgenommen, und eben deshalb kombinierte Shakespeare mit ihr die im wesentlichen übereinstimmende Novelle Boccaccios. Auf diese Weise würde die an sich ziemlich unverständliche Thatsache, dass in Cymbeline zwei Varianten ein und derselben Geschichte künstlich zusammengeschweisst sind, ihre einfachste und ungezwungenste Erklärung finden. Die den Gang des Originals am getreusten wiedergebende Redaktion „Posthumus" konnte vor der durch die Aufnahme des Muttermals verbesserten jüngeren Redaktion Boccaccios das Feld nicht behaupten. Um die erstere nicht ganz zu verlieren, wurde sie mit der zweiten vereinigt.

Zur Unterstützung meiner scheinbar allzu kühnen Hypothese muss ich hier das „Fischweib",[2]) jene englische Novelle, welche man ebenso irrthümlich wie das Mirakel zu einer Quelle des Shakespeareschen Stückes erheben wollte, heranziehen. In dieser englischen Novelle ist uns nämlich nach meiner Ansicht die altenglische Erzählung „Posthumus" in einer modernisierten Gestalt er-

---

[1]) Für die hohe Alterthümlichkeit der für „Posthumus" benutzten Vorlage spricht auch das „blutige Tuch" (Cymb. V. 1), das aus anderen verwandten Frauensagen genügend bekannt ist. Das Tuch wird beim Anonymus und Boccaccio nicht weiter berücksichtigt; der Verfasser des Mirakels musste es selbstverständlich völlig entfernen, und doch welche Aehnlichkeit zwischen der Situation Ottos (Miracle v. 1501 f.) und der des Posthumus (V, 1)!

[2]) Eine Uebersetzung dieser Erzählung giebt Leonhardt l. c. S. 15—16.

halten.¹) Die alten Helden sind in ihr — wie im König Florus — in einfache Ritter oder Krieger umgewandelt,²) der Schauplatz der Handlung ist ganz nach England verlegt, kurz der fremde Stoff erscheint völlig nationalisiert.³) Trotz dieser Modernisierungen erweist der Verräther seinen angeblichen Sieg durch Herbeischaffung eines schlichten Unterpfandes: ein der schlafenden Frau entwendetes Kruzifix! Dieser Zug für sich allein, ganz abgesehen davon, dass die übrigen Angaben der Novelle nur leicht zu erklärende Umänderungen der oben skizzierten Originalerzählung (S. 55 f.) sind, — spricht bereits für das hohe Alter der hier bearbeiteten Vorlage. Dieselbe stellte den betrügerischen Beweis genau so wie der Graf v. Poitiers dar,⁴) d. h. sie war unmittelbar nach der noch nicht verbesserten Fabel verfasst. Aber selbst wenn man uns nicht zugeben wollte, dass die Vorlage des Fischweibs gerade die altenglische Erzählung „Posthumus" sein muss, so beweist jedoch das Fischweib sicher das eine, dass es thatsächlich in England Redaktionen unserer Sage gegeben hat, welche das erst später in die Intrigue eingeführte Muttermal noch nicht kannten. Damit ist meine Hypothese in Bezug auf das Fehlen des Muttermals im ursprünglichen

---

[1]) Die Novelle halte ich also für eine mit dem Renaissance Drama „Cymbeline-Posthumus" parallel laufende Bearbeitung der unbekannten Erzählung „Posthumus". Sie wird unter Heinrich VI verlegt; die Konfrontation und das Wunder fehlen; die Bestrafung des Verräthers erfolgt nach den landesüblichen Gesetzen: Gefängnis und Geldbusse; schliesslich wird (hier zum erstenmal!) die Unsittlichkeit der mittelalterlichen Wette scharf gerügt, und der Gatte mit Strafe bedroht.

[2]) Der Stand der wettenden Männer ist (nach Leonhardts Analyse) nicht deutlich erkennbar. Im Anfang wird von Kaufleuten gesprochen; der weitere Verlauf zeigt aber, dass beide am Kriege zwischen Heinrich VI und Eduard theilnehmen, mithin das Waffenhandwerk verstanden.

[3]) Doch ist zu beachten, dass die schliessliche Aufklärung unter dem Vorsitz des französischen Königs erfolgt.

[4]) Dass hier ein Kruzifix die Haare, den Kleidzipfel etc. des Grafen von Poitiers vertritt, halte ich für nebensächlich; die Natur des Zeugnisses ist allein entscheidend, und die ist in beiden Darstellungen identisch. Möglicherweise stammt dies Kruzifix direkt aus der frommen Originalerzählung.

„Posthumus" zwar noch nicht mit mathematischer Sicherheit erwiesen — denn diese giebt es bei einer litterarhistorischen Quellenuntersuchung überhaupt nicht —, aber doch vor dem Vorwurf eines leeren Hirngespinstes endgültig gewahrt. Ich darf vielleicht hinzusetzen, dass das Fischweib mir gleichzeitig mein erstes kritisches Ergebnis, das für mich der Ausgangspunkt zu der vorliegenden Arbeit wurde, in der schlagendsten Weise zu bestätigen scheint; ich meine das Urtheil, welches ich nach Vergleichung des Grafen von Poitiers mit dem Veilchenroman über den Ursprung und die anfängliche Gestalt der Sage glaubte fällen zu können.[1])

Bis jetzt haben wir das Shakespearesche Stück nur seinen Hauptbestandtheilen nach betrachtet, wir müssen aber auch sein Verhältnis zu den Romanen ins Auge fassen. Von einer Benutzung der Romane fanden wir in den übrigen romanischen Bearbeitungen unseres Stoffes keine Spur; die hie und da auftretenden Anklänge an den Grafen von Poitiers lassen sich, wie ich gezeigt habe, durch Zurückgehen auf die gemeinsame Vorlage oder Urerzählung erklären. Dies ist gewiss merk-

---

[1]) Man wird daher begreifen, mit welcher Befriedigung ich das Fischweib bei Leonhardt gelesen habe. Nach langer, mühevoller Forschung fand ich hier wieder festen Boden unter den Füssen, denn gegenüber der einstimmigen Bezeugung des Muttermals wollte mir bereits der Muth versagen, die Wahrscheinlichkeit meines kritischen Ergebnisses aufrecht zu halten. Leonhardt selbst hat mit dieser Novelle nichts anzufangen gewusst; er sagt: (l. c. S. 17) „sie trägt zweifellos ein ziemlich rohes und nüchternes Gepräge. Eine poetische Färbung geht ihr vollständig ab. Die italienische Novelle (den Anonymus kennt L. nicht) nimmt in dieser Beziehung eine bedeutend höhere Stellung ein. . . . . . Ausserdem unterscheidet sie sich aber sachlich in zwei wesentlichen Punkten von dem Drama (Shakespeares) und seiner Vorlage (Boccaccio). Sie kennt weder die Kiste . . . noch das Mal und den Ring. Statt dieser für den Beweis seines Erfolges sicher stärker ins Gewicht fallenden Merkmale bringt der Uebelthäter in dieser Erzählung ein kleines Kruzifix." Kurz Leonhardt tadelt ahnungslos an der Novelle, dass sie nicht mit den jüngeren und jüngsten Redaktionen übereinstimmt.

würdig, da besonders der Veilchenroman seit dem XV. Jahrhundert bis in die neuste Zeit (z. B. Webers Oper „Euryanthe")[1]) in Prosa umgearbeitet und nachträglich mehrmals gedruckt[2]) seine Lebenskraft genügend bewiesen hat. Auch bei Shakespeare dürfen wir natürlich eine eigentliche Benutzung der Romane nicht erwarten; der Verlauf der von ihm befolgten älteren Rezension („Posthumus") liess sich mit dem der Romane auf keine Weise vereinigen: hier fiel die Hauptrolle dem Manne, dort der Frau zu. Dagegen konnte Shakespeare, wenn er die Romane kannte, ihnen wohl einzelne Züge oder Einfälle entnehmen. Wirklich scheint er dies gethan zu haben. Das Wahrzeichen des Veilchenromans, denn dieser allein kommt in Betracht, ist weniger das Muttermal als der Vergleich desselben mit einer Blume[3]). Eine Anspielung auf diesen frappierenden Vergleich habe ich in den romanischen Redaktionen, die der Zeit nach auf den Veilchenroman folgten, vergeblich gesucht. Shakespeare dagegen hat ihn. Als Jachimo die schlafende Imogen mustert, findet er (II, 2 S. 27):
On her left breast
A mole cinque-spotted, like the crimson drops
I'the bottom of a cowslip.
Man wird gegen die völlige Gleichheit des Gedankens nicht die Verschiedenheit in der Wahl der Blume geltend machen; eine derartige Veränderung ist zu unbedeutend, um in einer litterarischen Untersuchung als Einwand gegen eine Benutzung angeführt zu werden. Will man aber in der Wahl dieses Vergleiches ein zufälliges Zusammen-

---

[1]) Man vgl. die etwas krause Volkserzählung Romania XI, 415.

[2]) Die alten Drucke (Michel, Notice p. XXV f.) habe ich weder in Berlin, noch, auf meine Anfrage, in Dresden und Göttingen erhalten können.

[3]) Girbert nannte wohl deshalb sein Werk „Roumanch de la Violete" (v. 46. 6636). Erst spätere Leser werden dem Romane den zweiten Titel „Gerard de Nevers" beigefügt haben. Die letztere Bezeichnung ist viel treffender, weil der Vergleich des Muttermals mit einem Veilchen nur ein verschwindendes Detail ist.

treffen sehen, so halte ich dagegen, dass sich in drei oder vier Rezensionen (König Florus, Anonymus-Boccaccio, Miracle), welche alle möglichen Einfälle verwertheten, nichts Aehnliches findet. Zudem wusste Girbert recht gut, warum er seinen Roman gerade nach diesem Vergleiche benannte, derselbe war gewiss sein eigenstes Eigenthum. Ich stehe daher nicht an, in diesem von Shakespeare gewählten Vergleiche eine Verwerthung des Fündleins unseres mittelalterlichen Dichters zu sehen. Auf welche Weise die Kunde vom Veilchenroman bis zu Shakespeare gelangte — zunächst denkt man wohl an eine der alten Prosabearbeitungen —, das zu untersuchen, überlasse ich den Spezialforschern auf dem Felde der Shakespeare-Studien.

In kurzen Worten lautet also mein Urtheil über das Verhältnis Cymbelines zu den romanischen Redaktionen: das englische Schauspiel enthält erstens eine mit der brittischen Geschichte verknüpfte englische Redaktion der französischen, aber vermuthlich lateinisch abgefassten Originalerzählung, zweitens die Novelle Boccaccios, und endlich ist drittens der Veilchenroman für dasselbe wenigstens in Einem Punkte benutzt worden.

Zum Schluss noch ein Wort über unsere Sage im allgemeinen und über ihre Heldin. Meine persönliche Ansicht über die Entstehung der Sage geht, wie ich bereits mehrmals andeutete, dahin, dass sie sich erst im Abendlande unter dem Einfluss der bekannten Versuchungsgeschichten und besonders der Geschichte von der schönen Susanna entwickelt hat. Haben jene Geschichten das Gemeinsame, dass in ihnen die Treue der Frau einer Prüfung ohne Zuthun des Gatten unterzogen wird;[1]) so ist das Eigenthümliche unserer Sage, dass hier die Frau

---

[1]) In der Regel war der Gatte abwesend; ich nenne nur einige Beispiele aus der franz. Mirakelsammlung: Nr. XVIII, 1 f. ruft ein Kriegszug den Mann fort; in Nr. XXVII, 120 f. ein Gelübde (wie im König Florus)

— wie in der Griseldis-Sage — mit Wissen, ja unter Beihülfe des Gatten versucht wird. Die krankhafte, sittlich geradezu verwerfliche Neugierde des Mannes wird durch einen angeblichen Angriff auf seine häusliche Ehre verdeckt. Aber dies ist nur rein äusserlich; wenn man genauer zusieht, gleichen doch die Wette und die Spannung, mit welcher z. B. in den Romanen die hohe Gesellschaft ihrem Ausgang entgegensieht, nur allzusehr der neugierigen Aufregung, mit der man etwa einem Rennen junger, unerprobter Pferde zuschaut. Mit anderen Worten: der Verfasser dieser besonderen Sagengestalt, obgleich er nur die Verherrlichung der Ehefrau beabsichtigt, verräth uns nur zu deutlich, wie weit er sowohl wie seine Zeitgenossen von dem Verständnis wahrer Frauenwürde noch entfernt waren. Anderseits setzt doch der Zweifel des Gatten an der Treue seiner Frau, — also die von ihm eingeräumte Möglichkeit einer Missachtung seiner Person — wiederum voraus, dass unsere Sage nur in einer Gesellschaft aufkommen konnte, welche bereits durch eine grössere oder geringere Emanzipation der Frau die soziale und moralische Individualität des Weibes anerkannt hatte. Dies war erst nach den Kreuzzügen der Fall, wo — namentlich unter dem französischen Adel — der Frau gleiche Erbfähigkeit mit dem Manne eingeräumt wurde. Die Frau, durch ihr eigenes Vermögen wirthschaftlich von dem Manne unabhängig, war nunmehr im Stande sich die gleichen Rechte wie der Mann anzumassen.[1]) Alle

---

in Nr. XII, 1 eine Reise zu den Deutschrittern (sanz plus attendre, Aler en Pruce). Jojakim (in der Susannageschichte) war nach der ungenauen Übersetzung der Vulgata zugegen (v. 28); nach der LXX (ed. Tischendorf-Nestle) fehlte er bei der Gerichtsscene (v. 28 und besonders v. 30). Die letztere Darstellung scheint im Mittelalter, und besonders bei den späteren deutschen Bühnenbearbeitern, die allein bekannte gewesen zu sein, vgl. die oben S. 57 zitierte Abhandlung Pilgers.

[1]) Daher suchte die oft vernachlässigte Frau gleich ihrem Gatten ihre Befriedigung ausserhalb der Ehe. Schon Innocenz III. urtheilte über einen solchen Fall (zitiert von Hurter, Innocenz III., Band IV, 430 Anm. 162) „cum paria crimina compensatione mutua deleantur."

Bearbeiter unserer Sage haben gewiss im Anschluss an das Original dieser veränderten gesellschaftlichen Stellung der Frau[1]) dadurch Rechnung getragen, dass sie Liebe und Treue gegen die ehelichen Pflichten auch von Seiten des Mannes voraussetzen.[2]) Trotzdem ist die Inkongruenz dessen, was bewiesen werden soll, mit dem Mittel, wo-

---

Vgl. Boccaccio, Dec. II,9. das Gespräch der Kaufleute (Ariost XXVIII, 79 ff.). In der älteren Zeit wurden die Rechte des Mannes oder der Familie gegen die noch unfreie Frau ganz willkürlich aufgefasst und ausgeübt, z. B. Ph. Mousket v. 16684 f.; oder die Ballade von der „schönen Argentine" (bei Leroux de Lincy, Chants historiques I, 19), der von P. Paris vorgeschlagenen Deutung dieser Ballade vermag ich jedoch nicht beizutreten.

[1]) Sie verhindert uns auch mit L. Gautier (l. c. II, 10) anzunehmen, Sagen wie die unsrige entständen überall und zu allen Zeiten. So kann unsere Sage z. B. nicht germanischen Ursprungs sein, denn die neueren Untersuchungen haben dargethan, dass Tacitus (wie überhaupt die Stoiker) die altgermanische Ehe viel zu utopisch geschildert hat: Weinhold D. Frau II, 9 f. Die Achtung, welche dem germanischen Eheweibe bisweilen gezollt wurde, war eine individuelle That ohne Bedeutung und rechtliche Tragweite für ihr Geschlecht im allgemeinen. Ragnhild z. B., welche die Kebsen aus dem Hause jagt, ist Sara, die Hagar vertreibt. Auch die Kirchenväter haben aus bekannten Gründen (cf. Dozy, Histoire des Musulmans d'Espagne II, 15 f.) über die Germanen viel zu günstig geurtheilt; nach ihnen Meiners, Geschichte des weiblichen Geschlechts, Hannover 1788 I, 243 f. Rottberg, Kirchengeschichte Deutschlands II, § 117. Gide, Condition privée, S. 208 f. und andere. Das höhere Wehrgeld für die Ermordung einer Frau wird richtig erklärt von Viollet, Histoire d. droit français, S. 244. Anm. 1. Aehnliche Züge finden sich auch im indischen Recht: Jolly, Ueber die rechtliche Stellung der Frauen bei den alten Indern. S. B. der philos.-philol. Klasse der M. A. 1876, S. 423 und Kohler, Indisches Ehe- und Familienrecht in der Zeitschrift für vergleichende Rechtswissenschaft 1882.

[2]) Man muss den christlichen Predigern den Ruhm lassen. dass sie diese Grundvoraussetzung einer wahren Monogamie rechtzeitig erkannt haben z. B. Hieronymus (zitiert v. Gide S. 175 Anm. 1) Apud nos, quod non licet feminis, aeque non licet viris, et eadem servitus pari conditione censetur. Anders in Indien, so sagt Jolly l. c. S. 421 „Auch wenn der Mann seiner Frau die Treue bricht, so ist er doch von ihr stets wie ein Gott zu verehren" (man denke an die Erzählung von Girard de Roussillon, Romania VII) ähnlich Kohler l. c. S. 383 „Dass dieser Treupflicht der Frau keine Treupflicht des Mannes entspricht, versteht sich bei einem die Polygamie gestattenden Ehesystem von selbst" etc.

durch es erwiesen wird, derartig in die Augen springend, dass gerade in dieser Sagengestalt die schliesslich glückliche Lösung als einfache petitio principii, als das bereits im Voraus ideal bestimmte Resultat erscheint. Das reine, tadellose Weib ist in dieser rohen Umgebung psychologisch fast undenkbar. Denn diese Art der Probe entspringt einer gänzlichen Verachtung des Weibes, und wo eine solche besteht, ist es wohl nur selten der Frau gelungen, sich allein durch ihre eigene moralische Kraft eine geachtete Stellung in der Gesellschaft zu erringen und ihre von allen Seiten angegriffene oder bezweifelte Würde siegreich zu behaupten. Dies scheint auch der alte Verfasser gefühlt zu haben; er hatte deshalb mit dem Widerstande der Frau — in echt französischer Weise — ein politisches Interesse verknüpft.[1]) So mochte allerdings die Heldin, wie später die Frauen eines Corneille, in ihrem Kampfe gegen den doppelt gefährlichen Mann den damaligen Lesern verständlich werden. Fiel dagegen dieser politische Hintergrund, wie im Veilchenroman, weg, dann gab es nur einen Ausweg, die Fabel in ihrem wesentlichen Bestande beizubehalten und doch nicht ganz auf psychologische Wahrscheinlichkeit zu verzichten. Diesen Ausweg hat allein der Dichter des Veilchenromans eingeschlagen. Er machte aus der Ehefrau die Geliebte, womit er dann freilich die ethische Grundlage der alten Erzählung vernichtete. Bewusst oder unbewusst musste die in ihren Mitteln wenig wählerische Kasuistik einen mittelalterlichen Kopf zu diesem Abwege führen. Man wird möglicherweise darüber lächeln, dass ich eine derartige Ueberlegung bei den Bearbeitern unserer Sage voraussetze; jedoch scheint das hier vorliegende Problem wirklich die Phantasie und den Verstand der Dichter beschäftigt zu haben. Von jeher hing ja der Beifall gerade eines französischen Schriftstellers davon ab, inwieweit er den Bestrebungen, Ge-

---

[1]) So deutlich im Mirakel, Graf von Poitiers, vielleicht auch im Cantare d. M. Elena und Cymbeline (Cloten). Shakespeare hat noch den nationalen Gegensatz hinzugefügt

danken, Vorurtheilen und Zweifeln seines Publikums Rechnung trug. Er selbst wird von ihnen auf eine uns Deutschen ungewohnte Weise umfasst. So kommt es, dass sie alle seine Werke beherrschen und selbst die Gestalten seiner Phantasie beeinflussen. Der damaligen Gesellschaft war nun die Treue einer Ehefrau zweifelhaft; ihre Behauptung musste wahrscheinlich gemacht werden. Dass dies Girbert auf seine Art gelungen war, wird niemand bestreiten. Aber es gab noch eine andere Möglichkeit, ohne ein politisches Interesse in Anspruch zu nehmen, den Widerstand der Frau begreiflich zu machen. Dieser Ausweg, denn auch hier handelt es sich selbstverständlich nur um einen solchen, ist vom Verfasser des König Florus gewählt: Robin verlässt am Hochzeitstage, noch vor definitiver Vollendung der Ehe, die ihm eben angetraute Frau. An kasuistischer Spitzfindigkeit lässt diese Situation doch gewiss nichts zu wünschen übrig!

Es mag sein, dass in der alten, halbgeistlichen Originalerzählung der problematische Charakter dieser Versuchungsgeschichte nicht so schroff, wie in den späteren Redaktionen, hervortrat, weil sie ja neben dem politischen Interesse auch den religiösen Impuls auf die Frau wirken liess. Allein das Idol der mittelalterlichen Frömmigkeit, welches noch heute von der romanisch-katholischen Frauenwelt beibehalten ist, jene grosse Himmelskönigin, konnte unmöglich ihre Dienerin vor einem Falle schützen.[1] Maria, von der noch heidnischen Volksphantasie um so reicher ausgestattet, je weniger die evangelische Tradition von ihr zu berichten wusste[2], war und ist — im Wider-

---

[1] Dies beweisen die Erzählungen Gautiers de Coinci und unsere Mirakel zur Genüge: z. B. Miracle Nr. II. VII. XI. XVII (Gautier d. C. S. 574 f.) XIX. (G. d. C. S. 627 f.). Es ist interessant, wie die von Loyola und Liguori geschulten Marienritter der Neuzeit auf das bischen Kritik, welche einst vom Jansenismus ausging, völlig verzichtet haben: Poquet in der Einleitung (§ IV) zu seiner Ausgabe Gautiers de Coinci verglichen mit L. Racine in Histoire de l'Académie Royale des Inscriptions Band XVIII. 1753. besonders S. 357 f.

[2] Den ultramontanen Heisssspornen (z. B. Liell, Darstellungen der allerseligsten etc. Maria 1887. — mit vorzüglichen Bildern, aber arger

spruch mit ihrer Apotheose — das schwache Weib geblieben, welches für die sittlichen Vergehen und selbst für die Verbrechen ihrer Verehrer kein Auge hat[1]): das lebendige Symbol der Kirche, zu deren Schutzpatronin sie in unseren Tagen erhoben ist. Darum musste ein katholischer Dichter, wenn er aus dem Thema unserer Sage eine der Wahrscheinlichkeit entsprechende, zeitgenössische Geschichte machen wollte, nothwendigerweise die Treue der Frau trotz ihrer Frömmigkeit fallen lassen. Ich möchte nämlich behaupten, dass Cervantes in seinem „Neugierigen" die organische Fortbildung und, von den besprochenen Abwegen abgesehen, psychologisch einzig richtige Gestaltung unserer Fabel gegeben hat.[2])

Polemik gegen V. Schultze und selbst gegen den zahmen Lehner) wird es niemals gelingen die Christlichkeit der Marien-Ueberlieferungen wissenschaftlich zu beweisen. Wagen sie doch selbst nicht einmal, alle volksthümlichen Vorstellungen über Maria — man denke an ihre verklausulierte Anerkennung Liguoris Le glorie di Maria —, obgleich sie dieselben sicher heimlich begünstigen, öffentlich zu billigen. Dagegen lernt man die Dogmatik des Volkes aus Sammlungen wie die der franz. Mirakel am besten kennen. In dieser Hinsicht sind die in die Mirakel eingeschobenen Prosapredigten wichtig. Durch konsequente Ausnutzung des Irenäus, dessen Ansicht (Adv. haer. V, 19, 1) mehrmals, obgleich nicht namentlich, angeführt wird (Band I, 252, 5 f. II, 187), wurde die Erlösung (Band II, 60, 4. III, 80. III, 309. V, 157 etc.) und das Mittleramt (II, 186—187, ähnlich IV, 71—72 etc.) der Maria zugeschrieben. Besonders verderblich wurde die durch Peter Damiani endgültig angenommene Deutung des Hohenliedes auf Maria, Gott oder Christus (I, 251 II, 58. V, 91 etc.). Durch sie fiel man in alt mythologische Vorstellungen zurück und erhielt — wie einst in Aegypten — eine Vereinigung von Mutter, Frau, Geliebte und Vater, Sohn und Liebhaber in zwei Personen (z. B. I, 103, 9 f. I, 314. II, 5. IV, 123 V, 92, 3. 93, 5.) An Isis (Plutarch. J. et O. cpt. XV θαυμαστὴν εἰωδίαν ἐπιπνέουσαν) erinnert auch der liebliche Duft der Jungfrau z. B. I, 103. II, 280. V, 93 etc.

[1]) Vgl. die von Poquet absichtlich ausgelassenen Mirakel Gautiers d. C. in der Zeitschrift f. r. Philologie VI, 325 ff. Das erste erinnert an Masuccios Novelle XXIII, Venedig 1504 p. 33 f. (doch verfielen die Weltkinder dem Gericht; nur die Beichte absolviert von allem: R. d. l. Rose, ed. Michel II, 291).

[2]) Das Gleiche musste eintreten, als unsere Sage auf irgend einem Wege nach dem Orient gelangte, wie das von Landau, Quellen des D. S. 139, mitgetheilte kurdische Märchen beweist.

In unserer Fabel konnte nämlich die Wette als nur
nebensächlich fort fallen; die Frage, ob eine verheirathete
Frau treu bleiben könne, ist n. m. A. ihr eigentlicher
Angelpunkt. Die Frage selbst hat unter den verschiedensten
Einkleidungen namentlich romanische Dichter fort und
fort angelockt und reizt sie noch heute zu neuen Darstellungen. Es wäre vermessen sich aus ihrer fast einstimmigen Verneinung, zu der besonders moderne Dichter
neigen, ein Urtheil über den Zustand romanischer Ehen
im allgemeinen bilden zu wollen. Wirklich glückliche Ehen
mögen bei uns Deutschen nicht häufiger vorkommen als
bei den Romanen; doch fehlt darüber begreiflicherweise
jede Statistik. Wohl aber ist es erlaubt aus der Beliebtheit dieser Ehebruchsgeschichten zu schliessen, dass sich
der für psychologische Probleme äusserst geschärfte, aber
skeptische Verstand des romanischen Volkes von der
glücklichen Lösung dieser Frage, welche einst durch
Vertreter der mittelalterlichen Kirche unter grossem
Beifall vorgetragen wurde, ungläubig abgewandt hat.
Eine nothwendige Folge der Stellung der offiziellen Kirche
zur Ehe. Durch ihre eisernen Ehegesetze, vollends aber
durch ihre laxe Praxis im Leben wie im Beichstuhl hat
sie den Ehestand jeder Heiligkeit entkleidet und zu einer
blossen Machtfrage herabgedrückt.

Shakespeare endlich hat die Fabel so aufgenommen,
wie er sie gerade in den verschiedenen Redaktionen, die
ihm zu Gebote standen, vorfand. Eine innere Verbindung
zwischen der abenteuerlichen Handlung und dem Charakter
seiner Person ist von ihm kaum angestrebt. So muss
z. B. der brave Pisanio, das „Urphänomen" eines treuen
Dieners, in der Falschheit, wie Gervinus paradox sagt,
die höchste Treue bewähren, denn der aus der Vorlage
stammende Befehl seines Herren war zu wahnwitzig, um
ausgeführt werden zu können. Für das spezifisch romanische
Problem hatte Shakespeare und sein Publikum überhaupt
wenig Interesse und Verständnis. Posthumus und Imogen
sind zwar verheirathet, aber ihre Ehe tritt nicht so in

den Mittelpunkt der Handlung wie in den romanischen Darstellungen. Mit dem Abschluss einer gesetzmässigen Ehe ist eben für das gemein germanische Bewusstsein die Frauenfrage gelöst; für den Romanen dagegen beginnt sie, infolge seiner eigenthümlichen Mädchenerziehung, erst mit der Hochzeit. Daher scheint dem englischen Dichter nicht einmal der Gedanke gekommen zu sein, dass die Treue Imogens erst bewiesen werden müsse. Er lässt wenigstens den Versucher ganz in der Weise der mittelalterlichen Erzähler plump mit der Thür ins Haus fallen, und doch soll Jachimo nichts weniger als ein Tölpel sein. Auch lenkt Jachimo sofort ein, weil er selbst die Aussichtslosigkeit seiner nicht mehr zeitgemässen Rolle erkennt. Aber seine Rolle ist nicht bloss nicht mehr zeitgemäss, sie ist auch geradezu unwahrscheinlich geworden; vor Imogen musste selbst der unredliche Gedanke verstummen! In dieser leuchtenden Frauengestalt — vielleicht die idealste der Shakespeareschen Frauen — hat sich der Fortschritt der gesellschaftlichen Bildung und Gesittung gewissermassen verdichtet. Imogen ist das mit dem Manne völlig gleichberechtigte, aber auch gleichgebildete Weib der Renaissance. Sie gehört ferner einem Lande an, das bereits den tiefgreifenden Einfluss der protestantischen Emanzipation von der katholischen Ehetheorie und Praxis erfahren hat.[1] Frei also von den drückenden Fesseln unnatürlicher Menschensatzungen handelt sie, ohne übernatürliche Hülfe zu erwarten, in dem stolzen Gefühl ihrer unangetasteten und unantastbaren Frauenehre. Dass diese Frau, deren innere Kraft, deren moralisches Selbstbewusstsein sich fern von jeder beengenden Macht inmitten einer geistesfreien Gesellschaft entwickeln konnte, nicht mehr in den Rahmen unserer alten Sage passt, fühlt wohl ein jeder. Aber geradezu schreiend wird das Missverhältnis zwischen dem Charakter und der Handlungsweise des Helden. Wie

---

[1] Da Imogen zu einer neuen Ehe mit Cloten bestimmt werden soll, wird die Möglichkeit einer Scheidung in dem Stück vorausgesetzt.

konnte Posthumus, aus dem Shakespeare einen Ritter ohne Furcht und Tadel, wie ihn die Wirklichkeit nicht kennt, gemacht hat, die empörende Wette eingehen? Ein unergründliches psychologisches Räthsel! Und doch — infolge jener genialen Vereinigung der altenglischen Erzählung mit Boccaccios Novelle wird Posthumus — sei es Zufall, sei es Absicht — durch den nationalen Gegensatz, welcher vielleicht von jeher die romanische und germanische Auffassung von der Frau und der Ehe beherrscht hat, zu dieser Wette provoziert. Es liegt auf der Hand, dass dadurch die sittlich bedenkliche Wette nicht entschuldigt, wohl aber für ein germanisches Publikum begreiflich wurde.

Anhang.

Um die Uebersicht über das von mir vermuthete Filiationsverhältnis zu erleichtern, füge ich eine Tafel bei, auf der die hypothetische Urerzählung und die nur vorausgesetzten Mittelglieder mit einem Stern versehen sind.

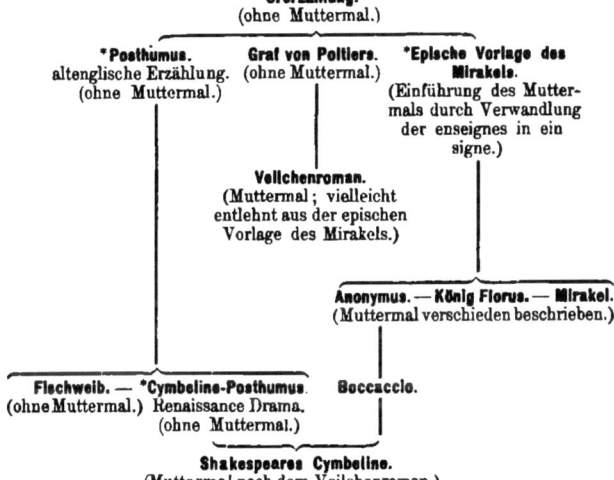

Inhalt.

I. Über den Dichter und die Abfassungszeit des Veilchenromans 1
II. Das Verhältnis des Veilchenromans zum Grafen von Poitiers 4
III. Über die Abfassungszeit der übrigen romanischen Redaktionen, ihr Verhältnis zueinander und zu den Romanen 31
    A. Le Roman du roi Flore 31
    B. Zwei italienische Novellen 33
    C. Das Mirakel 40
IV. Rekonstruktion der Sage 50
V. Das Verhältnis Cymbelines zu den romanischen Redaktionen 61
VI. Anhang 93